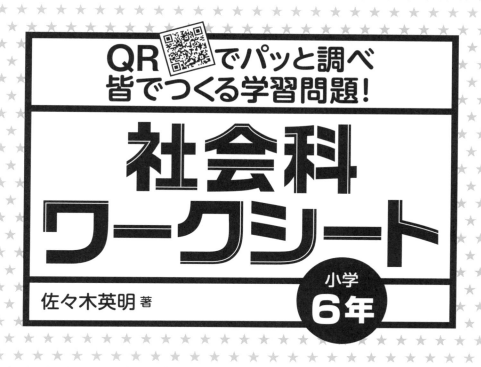

QRコードでパッと調べ
皆でつくる学習問題！

社会科ワークシート

小学 6年

佐々木英明 著

JN062836

☀学芸みらい社

まえがき

　本ワークシートは、６年生社会科の授業を少ない準備で進めることができるように、教科書ベースでつくりました。なお、一部の「まとめる」の時間については、教科書のページそのものがワークシートになっているため省略しています。その上で、学びの充実に向けて次の点を意識しました。

> ― 活動によってアクティブに動き出し、主体的に学ぶ力を育てる
> ― 話し合いによって互いの違いを知り、多角的・多面的に考える力を育てる
> ― ICT を積極的に活用して、情報活用力を育てる

　以上の３点は、皆様が社会科の授業で意識し、目指していることではないでしょうか。これらを実現することができるように、本ワークシートは次のようなことを特徴としました。

特徴❶　活動から子どもがアクティブに考える姿を引き出す

　単元計画のページ右上に「おすすめの活動」を明記しました。その多くにシミュレーション活動を記載しています。シミュレーション活動は、実際の場面を想像することで携わる人の気持ちになり、本気で考えることができます。子どもが積極的に調べたり話したりするようになり、主体的に学習に取り組む姿を引き出していくことができるのです。

特徴❷　話し合いで「多角的・多面的な見方・考え方」を鍛える

　本ワークシートには、いたるところに「話し合おう」マークがあります。ここは他者の考えを取り入れてほしい、喧々諤々と議論を重ねてほしいという、社会科授業において目指す子ども像に迫ってほしいとの期待を込めています。社会科を通して育てたい「多角的・多面的に社会を見る」力は、「話し合おう」の中でこそ育まれていきます。

特徴❸　QRコードでパッと調べ、毎時間のICT活用を目指す

　本ワークシートの単元計画の右側には、全時間「ICT活用例」を記載しています。ここに個別の学習成果をまとめたり、それを共有したりする活用例を示しました。これにより、学習を個別化するとともに、必要に応じていつでも共有できる学習環境を整えることができます。また、おすすめのQRコードも示しました。子どもがパッと効率的に調べ、そこで得た情報を取捨選択することで、より効果のある学びができるようになればと願っています。

　本ワークシートを手に取ってくださった皆様が日常の社会科授業の準備時間を短縮して「働き方改革」を進められたら幸いです。そして、子どもたちが学びを楽しみながら、社会に主体的にかかわろうとする態度が育まれていくことを願っています。

令和６年２月

佐々木英明

❶ 単元について
教科書は学びのプロセスの基本

　本ワークシートは東京書籍を参考に単元計画を作成しました。学習問題をつくる「つかむ」。知識や技能を身に付けたり、考えをまとめたりする「調べる」。単元の学びを振り返り、分かったことや考えたことを整理・分析する「まとめる」。そして、大単元ごとに、学びを生活場面で適用する「いかす」。社会科の問題解決的な学びは、「型」が明確です。子どもがこの「型」を獲得し、実際の社会問題に向き合っていくための力として育てていきましょう。

　また、教科書の内容に関係する他のことも調べていくように促していきたいものです。そのために、地図帳や資料集、そして ICT を自在に駆使できるようにしていきましょう。

❷ 評価の観点について
毎時間の目指す子どもの姿を明らかにする「主として育てる資質・能力」

　本ワークシートでは、１時間の授業で特に育てたい資質・能力を決めることで、目指す子どもの姿を明確にしました。単元の冒頭は、生活とのかかわりから学び始めることで、「主体的に取り組む態度」（本書では【主体態】として記載）の評価場面として設定しました。単元の中盤は、前半の調べ学習場面には「知識・技能」（本書では【知・技】として記載）を、後半には「思考力・判断力・表現力」（本書では【思・判・表】として記載）の評価場面を設定しました。そして、単元の終わりは、知識を整理し総合する学習では「知識・技能」、活用する場面では「思考力・判断力・表現力」の評価場面として設定しました。

　毎時間の授業で主に育む資質・能力を明確にすることで、評価の観点を意識した授業を進め、自分の学びの深まりを感じられる「子どものための評価」と、授業の良し悪しを判断できる「教師のための評価」をともに実現できればと考えています。

❸ テーマの深掘り・探究のポイントについて
子どもの多様な考えを引き出し価値付ける評価の言葉を

　本ワークシートでは、全単元全時間の掲載を目指したことから、教師ページは最小限のスペースしかありません。この欄の予想意見に縛られることなく、調べたことをもとに自分の考えを述べているのかを見てほしいです。教師が想定しなかった答えを書いた子どもは、決して bad ではないはず。教師の想定が足りなかったのか、または学級の子どもたちが教師の想定を超えて多角的・多面的に学んでいるのかもしれません。先生方には、子どもの発言やノートの記載に「どうしてそうなったのか」とさらに問い、そこから学びを深掘りしていくような価値付ける評価の言葉をたくさんかけてほしいです。

① わたしたちの生活と政治

わたしたちのくらしと日本国憲法

国の政治のしくみと選挙

子育て支援の願いを実現する政治

震災復興の願いを実現する政治

わたしたちの生活と政治 【いかす】

② 日本の歴史

縄文のむらから古墳のくにへ

天皇中心の国づくり

貴族のくらし

武士の世の中へ

今に伝わる室町文化

戦国の世から天下統一へ

長く続いた戦争と人々のくらし

新しい日本、平和な日本へ

3 世界の中の日本

単元全体を見通すパイロットワーク

わたしたちのくらしをよくするために、政治にはどのような役割があるのでしょうか

年　　組　名前（　　　　　　　　　　　　　　　　）

❶ 東京都千代田区にはどんな国の建物があるかを調べ、簡単な地図でまとめましょう。

❷ 国や都道府県、市町村がしてくれる公共サービスには、どんなものがありますか。思いついたことを書いてみましょう。

国	都道府県	市町村

❸ 自分の生活の中で政治によって支えられていることがないか話し合いましょう。

話し合おう

自分の生活	政治
例：学校に通う ───────→	国が教育基本法をつくり、都道府県が教師を採用している。

❹ これからの学習に向けて、めあてをつくりましょう。

わたしたちの生活と政治

わたしたちのくらしと日本国憲法

学習計画	**6時間**
おすすめ活動	**模擬意見箱**

単元計画

	主な学習活動と評価	本時の問い	ICT 活用例
①	交差点の写真を読む活動からくらしの中にある決まりの存在に気付く。【主体態】	日本国憲法とはどのようなものでしょうか。	Jamboard で写真を見て気付いたことを付箋で書きこむ。
②	日本国憲法の三原則からくらしとのつながりについて考える学習問題をつくる。【主体態】	日本国憲法にはどのような考え方があるのでしょうか。	スプレッドシートで、生活で三原則が反映された場面を考える。
③	パンフレットやチラシを読み取り、基本的人権が保障されている様子を捉える。【知・技】	日本国憲法の国民主権は、市や国の取り組みにどのように反映されているのでしょうか。	Jamboard で市の取り組みと人権のつながりを考え付箋でまとめる。
④	選挙や情報公開のしくみについて調べ、国民が国の政治を進めていること捉える。【知・技】	日本国憲法の基本的人権の尊重の考えは、市や国の取り組みに どのように反映されているのでしょうか。	模擬意見箱をスクールタクトで行い、みんなの意見を集める。
⑤	市や国の取り組みについて調べ、平和を守るための努力について考える。【思・判・表】	日本国憲法の平和主義の考えは、市や国の取り組みにどのように反映されているのでしょうか。	YouTube で平和祈念式典の動画を見る。
⑥	学習問題のまとめをし、憲法の三原則とくらしのつながりを見つけ、考える。【主体態】	日本国憲法の三つの原則とくらしとのつながりについて、調べてきたことを整理し、友達と話し合いましょう。	オクリンクで憲法とくらしのつながりのスライドを交流する。

教材化のポイント

　この単元は、市や国の取り組みを調べ、自分たちのくらしが日本国憲法の国民主権、基本的人権の尊重、平和主義の三原則に基づいて成立しているとわかるようにすることが大切です。そのために、地域の取り組みを積極的に取り上げたり、テレビなどの動画を見たりして、これまでに気付かなかった憲法とのかかわりに着目できるようにしましょう。また、小学校6年生の生活に関係する教材を取り上げたり、シミュレーション活動を取り入れたりすると、子どもたちがさらに意欲をもって学習に取り組めるようになります。

テーマ深掘り・探究のポイント

・憲法 25 条には、「生存権」が示されていて、体の不自由な人が安心して日常生活を送れるように国が工夫する必要がある。

・原則は三つあるが、天皇が象徴であることや政府の政治が憲法にもとづいておこなう必要があることも大切で、五つの原則と言ってもよいと感じた。

・どの人も「戦争は絶対にしてはいけない」「辛くてかわいそうだ」と言っていた。日本は、同じ失敗を二度としないために毎年誓いを確認し合っているのだと思う。

日本国憲法とはどのようなものでしょうか

年　組　名前（　　　　　　　　　　　　）

❶ 日本国憲法と聞いて、どんなことを思い浮かべますか。

```




```

❷ 教科書のまちの様子の写真やイラストを見て、人々が安心してくらせるために憲法とかかわりがありそうなことをかじょう書きで整理しましょう。

イラストの内容	憲法とのかかわり

❸ まちの中には、音が鳴る信号機や点字ブロックが埋め込まれた歩道があります。これらは、日本国憲法とどんなかかわりがあるのか話し合いましょう。

話し合おう

....

....

....

日本国憲法にはどのような考え方が あるのでしょうか

年　　組　名前（　　　　　　　　　　　　　　　　）

❶ 日本国憲法が公布されたときの写真や動画を見て、当時の日本の国の様子
について感じたことを話し合いましょう。　話し合おう

....

....

....

❷ 日本国憲法の三つの原則（基本的な考え方）を書きましょう。

1	
2	
3	

❸ 単元の学習問題をつくりましょう。

❹ 日本国憲法について調べてみて、初めて知ったことをまとめましょう。

....

....

....

❺ ニュースを見て、日本国憲法の三つの原則が守られていないために起きている事件や
報道ではないかと感じられるできごとを考えましょう。

....

....

....

チャレンジ！ 日本国憲法の考え方について、先生に ChatGPT を使って調べてもらった文章を
読んで、感じたことをまとめましょう。

....

....

....

日本国憲法の国民主権は、市や国の取り組みにどのように反映されているのでしょうか

年　　組　名前（　　　　　　　　　　　　　　）

❶「尼崎市自治のまちづくり条例」を読んで、国民主権の考え方がどのように反映されているのか考えましょう。

....

....

....

....

尼崎市の
まちづくり条例

❷ 情報公開制度と選挙での投票はどうして国民主権を反映させていると言えるのでしょうか。グループで話し合いましょう。

話し合おう

情報公開制度	選挙での投票

❸ 国民主権として政治に参加する権利について、インターネットで憲法の条文を調べ、まとめましょう。

国会	
地方公共団体	
最高裁判所	

❹ 教科書の国事行為に関する説明を読むと、天皇は国や国民のまとまりの「象徴」だと言えます。憲法の条文の中からこの理由を探してみましょう。

....

....

....

日本国憲法の基本的人権の尊重の考えは、市や国の取り組みにどのように反映されているのでしょうか

年　　組　名前（　　　　　　　　　　　　　　　）

❶ 尼崎市の 「人権文化いきづくまちづくり条例」 で進められている取り組みは、国民の権利のどれに関係しているのか考えましょう。

尼崎市の取り組み	国民の権利との関係

❷ 国民の権利の中から一つ選んで身のまわりの生活に生かされていると思われるところを考えましょう。

国民の権利	身のまわりの生活に生かされていると思われるところ

❸ ❷について調べたことをグループの人と話し合い、わかったことや感じたことをまとめましょう。

話し合おう

....

....

....

....

❹ 国民の義務があることで、国ができることを考えてみましょう。

子どもに教育を受けさせる義務	
仕事について働く義務	
税金を納める義務	

日本国憲法の平和主義の考えは、市や国の取り組みにどのように反映されているのでしょうか

年　　組　名前（　　　　　　　　　　　　）

❶ 70 数年前に起こった戦争でまちや人々にどのようなことが起こったのかについて、聞いたり調べたりしたことをまとめましょう。

....

....

....

....

....

❷ 憲法第9条に書かれている平和主義の考えを2点まとめましょう。

1	
2	

❸ 戦争や原爆の体験を伝える人や施設について調べてまとめ、戦争が終わって 70 年以上たっても続ける理由や意味を考え話し合いましょう。

話し合おう

戦争や原爆の体験したことを伝える人や施設について調べたこと	
70 年以上たっても続ける理由・意味	

❹ 自衛隊はどんな仕事をしているのか調べましょう。

....

....

....

....

....

国の政治のしくみと選挙

| 学習計画 | **4時間** |
| おすすめ活動 | **模擬投票** |

単元計画

	主な学習活動と評価	本時の問い	ICT活用例
①	国会議員の選挙や税金のしくみについて調べる活動から、学習問題をつくる。【主体態】	国の代表者である国会議員はどのようにして決めているのでしょうか。	Googleスライドで税金の流れについてシミュレーション活動をする。
②	国会の仕事と予算や法律ができるしくみについて調べる。【知・技】	国会にはどのような働きがあるのでしょうか。	YouTubeで国会の予算審議、議決の様子を動画で見る。
③	生活を支える行政サービスが内閣の政治によって受けられている様子を捉える。【知・技】	内閣にはどのような働きがあるのでしょうか。	Jamboardで内閣の省庁の役割と身近な生活にかかわる行政サービスを関連付ける。
④	裁判所の働きと三つの機関の関係について調べ、国の政治のしくみと国民とのかかわりについて考える。【思・判・表】	裁判所にはどのような働きがあるのでしょうか。学習問題についてわかったことを整理しましょう。	Scratchで三つの機関の関係についてプログラミングする。

教材化のポイント

　この単元は、国会、内閣、裁判所のしくみとそれぞれの関係について調べ、主権者である国民が信任した国会、内閣が政治を進める様子を捉えることができるようにします。ただ、調べ学習ばかりにならないように、身近な生活の事例を取り上げたり、法律の成立や予算の執行、行政サービスについて具体的に調べたりして、国民が主権者として政治決定する必要性を感じられるようにしていくことが大切です。また、自分の選択がその後の国や自分の生活を決定していくと自覚し、進んでかかわろうとする態度を育てていくことも必要です。

テーマ深掘り・探究のポイント

・オーストラリア、ベルギー、ブラジルなど。義務投票制と呼ばれている。
※ギリシャは禁固刑、シンガポールでは選挙人名簿からの抹消など厳罰となる国がある。

・国会で働く議員は、国民が直接選挙で選んでいるから。内閣で働く官僚や裁判所の裁判官は国民が決めるわけではないし、内閣の大臣も国民が直接選んでいるわけではない。

・「国際婦女節（3月8日・中国）」…女性だけが半日休暇になる。
「ニュピの日（3月中旬～下旬・インドネシア）」…冥界のマヤ神が地上にはい上がってくるとされている。外出だけでなく、電気や火の使用も禁止。外出すると逮捕される。
「メロンの日（8月第2日曜日・トルクメニスタン）」…大統領が好きな食べ物だから。この日にメロンのイベントやコンテストを行う。

・裁判は同じ事件について3回まで受けることができるようになっている。最高裁判所が3回目とは限らない。裁判の間違いを防ぎ、人権を守るしくみになっている。

国の代表者である国会議員は
どのようにして決めているのでしょうか

年　　組　名前（　　　　　　　　　　　　　　）

❶ 選挙が認められているのは何歳からでしょうか。また、国民全員が選挙できるようにしているのはどうしてでしょうか。調べましょう。

歳以上
国民全員が選挙できる理由：

❷ A党とB党、C党の政策を決めて、自分ならどの政党を選ぶか話し合い、最後に自分ならどの政党に投票するか決めましょう。

A党	B党	C党
政策	政策	政策

[　　　　　] 党を選ぶ理由：

....

....

❸ 日本の国の予算（収入と支出）のグラフを見て、気付いたことと問題点を話し合いましょう。　話し合おう

気付いたこと	問題点

❹ 単元の学習問題をつくりましょう。

チャレンジ

投票に行かないと罰せられる国があるといいます。どこの国か調べてみましょう。

....

....

....

国会にはどのような働きがあるのでしょうか

年　　組　名前（　　　　　　　　　　　　）

❶ 国会の働きについて調べてまとめましょう。

....

....

....

....

....

....

....

❷ 予算や法律が成立するまでの流れについて図を完成させましょう。

[　　予算を作成　　] が　→　[　＿　]　⟹ 審 議 ⟹　可決　→　[　＿　]　⟹ 審 議 ⟹　可決・成立

[　・法律案を作成　] が　→

❸ 国会の議決機関が二つもある理由を考えて話し合いましょう。　話し合おう

....

....

....

....

....

❹ 国会が憲法で「国権の最高機関」と決めている理由を考えてみましょう。

....

....

....

....

....

内閣にはどのような働きがあるのでしょうか

年　　組　名前（　　　　　　　　　　　　　）

❶ 内閣の省庁について一つ取り上げてどんな仕事をしていて、わたしたちのくらしとどのようにかかわっているのか考え、同じ省庁を調べている人と交流しましょう。

自分が調べる省庁の名前：　　　　　　　　　　省／庁
[仕事の内容]
[わたしたちのくらしとのかかわり]

❷ 内閣のしくみと働きについて図でまとめてみましょう。

❸ 世界にあるおもしろい祝日を発見し、伝え合いましょう。

「　　　　　　　　　　（の）日」（　　月　　日・国：　　　　　　　）
休みになった理由：

裁判所にはどのような働きがあるのでしょうか。
学習問題についてわかったことを整理しましょう

年　　組　名前（　　　　　　　　　　　　　　　　）

❶ グループで模擬裁判をしましょう。争いごとのテーマを決めて原告、被告、裁判官と役割を決め、争いごとがどのように話し合われていくのか調べましょう。

争いごとのテーマ「　　　　　　　　　　　　　　　　　　　　　　　　　　　　　」

感想：

❷ 裁判所のしくみと働きについて図でまとめてみましょう。

❸ 国会・内閣・裁判所の関係図をまとめ、権力を分担する理由を考えましょう。

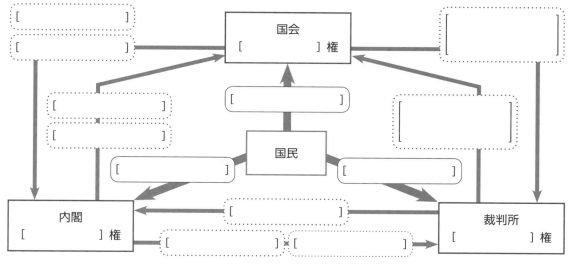

[　　　　　　　　]
[　　　　　　　　]

国会
[　　　　　] 権

[　　　　　　　　　　]

[　　　　　　　]
[　　　　　　　]

[　　　　　　　]

[　　　　　　　　　]

国民

[　　　　　　　] 　 [　　　　　　　]

内閣
[　　　] 権

[　　　　　　　]

[　　　　　　] [　　　　　　　]

裁判所
[　　　　　] 権

理由：

わたしたちの生活と政治

子育て支援の願いを実現する政治

単元計画

	主な学習活動と評価	本時の問い	ICT 活用例
①	子育て支援施設について調べ、公共施設設置に向けた学習問題をつくる。【主体態】	子ども家庭総合センターの様子と、子どもをもつ親の願いについて話し合い、学習問題をつくりましょう。	web 会議システムを利用しオンライン見学を行う。
②	子育て支援施設設置の流れを調べ、住民の声が議会に届くしくみを捉える。【知・技】	子育て支援施設の建設に市は、どのようにかかわっているのでしょうか。	web 会議システムで市役所や区役所の方に質問をする。
③	市議会による子育て支援施設設置の検討の流れを調べ、決定までのしくみを捉える。【知・技】	子育て支援施設ができるまでに市議会はどのようにかかわっているのでしょうか。	Google スライドで市民の声を議会で話し合う流れをまとめる。
④	市の歳入・歳出の様子について調べ、施設建設の費用の流れを捉える。【知・技】	子育て支援施設をつくり、運営するための費用は、どこから出ているのでしょうか。	市役所のホームページで市の歳入・歳出について調べる。
⑤	調べてきたことをまとめ、子育て支援施設設置や今後の活用について考える。【思・判・表】	学習問題についてまとめ、市の政治の方向性について話し合いましょう。	Jamboard を使って市のこれからの政治について話し合う。

教材化のポイント

　この単元は、身近にある施設や取り組みの運用について、住民の声をきっかけにして市役所や市議会の働きによって決定していく様子を捉えていきます。市議会と市役所の関係や市と都道府県、国との関係について知り、その後、歳入と歳出の様子から市が財政を安定的に運用することで住民に適切な行政サービスを提供できるようにしていることを学んでいきます。単元を通した学びの中で、市の政治判断について考えていくようにすることが大切です。子どものくらしと政治の距離を縮める単元としていきたいものです。

テーマ深掘り・探究のポイント

・子育て支援、公共交通・道路、除雪、高齢者福祉など、市町村ごとの住民の要望をもとに調べて答えるようにします。

・市長や市議会、住民や町内会など、子どもなりの視点で生活経験をもとに予想を立てて話し合い、学習計画を立てるようにしましょう。

・何か年での計画を立て、施設の設置や運用方法、雇用や行政サービスなど長期的な計画を立てて、住民に周知している支援をもとに調べるようにします。

・国会と内閣と同じように、市役所は市の決定に沿って実際の仕事を進める所であって、それを決めるのは市民が選挙で選んだ議員でなくてはならないから。

・市は市民から税金を集めて市民が便利でくらしやすいまちに向けた取り組みを行っているので、もうお金はもらっていると考えているから。

子ども家庭総合センターの様子と、子どもをもつ親の願いについて話し合い、学習問題をつくりましょう

年　　組　名前（　　　　　　　　　　　　　）

❶ わたしたちが住んでいる市町村の人々が行政に今後力を入れてほしいと思っていることはどんなことでしょうか。調べてみましょう。

....

....

....

....

❷ 地域の児童館は、それぞれの世代の人にどのように利用されているのか調べましょう。

世代	利用の仕方
乳幼児	
小学生	
中学生	
高校生	
子育て世代の人	

❸ 単元の学習問題をつくりましょう。

❹ 子育て支援施設は、どのような人がどんな準備をしてできたのでしょうか。予想を立て、話し合ってみましょう。

話し合おう

....

....

....

子育て支援施設の建設に市は、どのようにかかわっているのでしょうか

年　　組　名前（　　　　　　　　　　　　　　　）

❶ 市役所（町村役場）にはどんな組織があるのか調べましょう。

....

....

....

❷ 市民の要望が市役所や市議会でどのように話し合われ、決められていくのでしょうか。教科書などの資料で調べ、下の図を完成させましょう。

```
┌─────────────┐   ┌───────────────────────────┐
│ [ 市民の願い ] │   │          [ 市議会 ]          │
│             │   │                           │
│             │   │                           │
│             │   │                           │
│             │   │                           │
│             │   │                           │
│             │   │                           │
│             │   │                           │
│             │   └───────────────────────────┘
│             │   ┌───────────────────────────┐
│             │   │          [ 市役所 ]          │
│             │   │                           │
│             │   │                           │
└─────────────┘   │                           │
                  │                           │   ┌─────────────────┐
                  │                           │   │ [ 都道府県や国 ]  │
                  │                           │   │                 │
                  │                           │   │                 │
                  └───────────────────────────┘   └─────────────────┘
```

❸ 市町村の子育て支援政策の計画を読んで、これからどんな方針で取り組みを始めようとしているのかを調べ、話し合いましょう。　　　話し合おう

....

....

....

24

子育て支援施設ができるまでに市議会はどのようにかかわっているのでしょうか

年　　組　名前（　　　　　　　　　　　　）

❶ 子育て支援施設の設置を決める市議会について調べ、まとめましょう。

市長や市議会議員に立候補できる年齢	市議会の仕事
歳以上	
市長や市議会議員選挙で投票できる年齢	
歳以上	

❷ 子育て支援施設の設置について、市民と市議会、国がどのようなかかわりをしているのか調べ、図にまとめましょう。

[　市民　]

↓

[　市議会　]

（　委員会　）　　　　　　　　　　　　　　　　　（　本会議　）

[　国や関係省庁　]

❸ 子育て支援施設の設置について、市役所ではなく、市議会が決めるのはどうしてでしょうか。それぞれの役割にふれながら理由を考え、話し合いましょう。

話し合おう

....

....

....

25

子育て支援施設をつくり、運営するための費用は、どこから出ているのでしょうか

年　　組　名前（　　　　　　　　　　　　　　　）

❶ 税金には、どのようなものがありますか。調べましょう。

....

....

....

....

❷ 市役所は、児童館を建設し、運用を始めるためにどのようにお金を集め、どんな場面で使っているのか調べましょう。

お金の集め方	どんな場面でお金を使うのか

❸ 児童館は建てるだけでなく建てた後も様々なお金がかかるのに、市民が無料で利用できるのはどうしてでしょうか。理由を考えて話し合いましょう。

話し合おう

....

....

....

....

チャレンジ 自分たちがくらす市の歳入・歳出について調べ、市の特徴を考えましょう。また、課題についても考え、これからの市の歳入・歳出がどうあるべきか話し合いましょう。

話し合おう

[特徴]

....

[課題とこれからの歳入・歳出]

....

....

....

震災復興の願いを実現する政治

	学習計画	**5**時間
	おすすめ活動	**復興の完成図作成**

単元計画

	主な学習活動と評価	本時の問い	ICT活用例
①	東日本大震災について調べ、復興の実現に向けた取り組みについて学習問題をつくる。【主体態】	東日本大震災の被害から生活を立て直すためのまちの人たちの願いについて話し合い、学習問題をつくりましょう。	YouTubeで震災や復興したまちの様子を動画で見る。
②	地震発生直後の緊急対応について調べ、関係機関の連携や法整備の様子を捉える。【知・技】	東日本大震災が発生したときの市や県、国はどのような取り組みをしたのでしょうか。	YouTubeで様々な機関の復興への取り組みを調べる。
③	国が市と協力して復旧を進める様子を調べ、予算や法律の整備のしくみを捉える。【知・技】	復旧・復興に向けて、国はどのような取り組みを行ったのでしょうか。	Googleスライドで要望に応じた国会の動きをまとめる。
④	復興と今後のまちづくりに向けた計画について調べ、その流れを捉える。【知・技】	復旧・復興と未来に向けたまちづくりのために、市や市民はどのような取り組みを行ってきたのでしょうか。	Googleスライドで市民と市や県、国とのやりとりをまとめる。
⑤	調べてきたことをまとめ、人々の願いを大切にした政治の在り方を考える。【思・判・表】	災害からの復旧・復興とまちづくりについて、これからの政治に求められることを考えましょう。	Jamboardで復興に向けたこれからの政治について話し合う。

教材化のポイント

　この単元は、東日本大震災が発生した時の緊急対応から復旧・復興に向けて国や県、市が協力して施設の設置やまちづくりを進める様子について捉えていくようにします。これらの取り組みについて、市が被災者の願いや要望をどのように聞き取りながら進めているのかを調べながら、国会による法整備や県や市による予算配備について調べていくようにします。後半には、復興における課題を取り上げ、被災地の今後に向けた政治の進め方について考えていくようにして、これから必要な取り組みについて主体的に考えるようにすることが大切です。

テーマ深掘り・探究のポイント

・魚市場のかさ上げ工事やがれきの撤去、かつおの水あげ再開など、教科書の写真をもとに調べてわかったことをまとめていきます。

・港の整備や防波堤の工事、道路の復旧などのインフラ整備から、人々が活気を取り戻せるように仕事やお祭りのための施設整備まで予想を引き出しておくようにしましょう。

・自衛隊の取り組みをもとに、外国で災害が起こると互いに助け合う世界の国々の協力する姿を取り上げ、困ったときに行う人道支援について捉えるようにします。

・森林環境税、電源開発促進税、水利地益税、共同施設税、国民健康保険税、入湯税などがあり、国税にも地方税にも目的税があります。

・「海の市・シャークミュージアム」や気仙沼大島大橋など、もとに戻すだけでなく、新しい魅力を創り出すための取り組みについて調べるようにすることが大切です。

東日本大震災の被害から生活を立て直すための まちの人たちの願いについて話し合い、 学習問題をつくりましょう

年　　組　名前（　　　　　　　　　　　　　　）

❶ 東日本大震災がいつどこで発生し、どんな被害があったのか調べましょう。

発生日時	
被害のあった場所	
[被害の様子]	

❷ 東日本大震災の被害にあった被災地は 1 年間でどこまで生活を取り戻したのか。そして、現在はどんな様子かを調べましょう。

被災から1年	
現在の様子	

❸ 単元の学習問題をつくりましょう。

❹ 被災したまちはこれまでにどんな取り組みをして復旧してきたのでしょうか。復興に向けてどんな取り組みが必要なのでしょうか。話し合いましょう。

話し合おう

これまでの復旧	
これからの復興	

東日本大震災が発生したときの市や県、国はどのような取り組みをしたのでしょうか

年　　組　名前（　　　　　　　　　　　　　　　　　）

❶ 大地震や津波が起こったとき、国や市がすぐにするべきことは何か予想してみましょう。

....
....
....

❷ 被災した人たちが生活する避難所の様子について調べ、被災者と助ける人がそれぞれどんなことをしているのかまとめましょう。

被災者の様子	助ける人の立場	していること

❸ 災害から人々を助ける政治の働きについて下の図に矢印や言葉を加えてまとめましょう。

外国	国	自衛隊

ほかの都道府県	都道府県

ほかの市町村	被災した市町村

警察
消防・水道
電気・ガス・鉄道
日本赤十字社
放送局など

被災地

チャレンジ 東日本大震災では、アメリカ軍が68億円もかけて復旧支援をしてくれました。どんな支援をどのような理由でしてくれたのか調べ、話し合いましょう。　**話し合おう**

....
....
....

復旧・復興に向けて、国はどのような
取り組みを行ったのでしょうか

年　　組　名前（　　　　　　　　　　　　　）

❶ 復旧・復興に向けた政治の働きの年表を見て、国はどんなことをする必要があったの
か考えましょう。

……

……

……

……

……

❷ 東日本大震災復興基本法の成立によって、復旧・復興がどのように進められたのか調
べ、図にまとめましょう。

被災地　　[　　　　　　　]　　県や市町村　　[　　　　　　　]　　国

[　　　　　　　]　　　　　[　　　　　　　]

[　　　　　　　]　　　　　[　　　　　　　]

❸ 復旧・復興にかかわる予算と税について、金額や内容を調べ表にまとめましょう。

予算の内訳と使い道	使われる税金

チャレンジ 復旧に向けた税金のほかにも、使う目的を示して集める税があります。目的をもっ
て集めている税金にはどのようなものがあるでしょうか。調べてみましょう。

……

……

……

復旧・復興と未来に向けたまちづくりのために、市や市民はどのような取り組みを行ってきたのでしょうか

年　　組　名前（　　　　　　　　　　　　　　　）

❶ 復興の年表を見て、どのような取り組みをどんな順番で進めてきたか調べましょう。

....

....

....

....

❷ 復興に向けた取り組みについて調べ、図にまとめましょう。

国	都道府県

市

市民

❸ 様々な課題に対応するために、被災した地域による復興に向けた取り組みについて一つ選んで調べ、話し合いましょう。

話し合おう

....

....

....

....

31

地域の公園づくりについて、いろいろな立場の人の願いをどのように取りまとめていけばよいか考えましょう

年　　組　名前（　　　　　　　　　　　　　　　）

❶ 新しく公園をつくるときに出されるいろいろな立場の人の願いについて、教科書を参考にして考え、話し合いましょう。

小学生	
幼児	
中学生・高校生	
会社員	
赤ちゃんやお母さんの声	
高齢者の声	

❷ 公園の近隣の方からはどんな要望が出るのかを考えてみましょう。

....

....

....

❸ 小学生の意見をたくさん聞いて公園ができたあと、ベンチが少なかったり、ゲートボール場がなかったりしたために、高齢者からクレームが寄せられました。あなたが市役所の人だったら、どのようにこの要望に応えますか。話し合いましょう。　話し合おう

....

....

....

....

ヒント：公園は地域に住むすべての人のものであることをふまえて市役所の人の答えを考えましょう。

歴史学習を始めましょう

年　　組　名前（　　　　　　　　　　　　　　）

❶ 地域にある歴史的な建物や記念碑にはどんなものがあるか思い出して話し合いましょう。

| どこに? | どんなものが? | 何のために? |

❷ 地域の博物館にある展示物にはどんなものがあったか思い出してまとめましょう。

紀元前	紀元後から1900年くらいまで	1900年～現在

❸ 教科書を参考にしてそれぞれの時代のイメージを表にまとめてみましょう。

時代	イメージ
縄文	
弥生	
古墳	
飛鳥	
奈良	
平安	
鎌倉	

時代	イメージ
室町	
安土桃山	
江戸	
明治	
大正	
昭和	
平成	
令和	

❹ これからの学習に向けて、めあてをつくりましょう。

2

日本の歴史

33

日本の歴史

縄文のむらから古墳のくにへ

学習計画	**7時間**	
おすすめ活動	**シミュレーション**	

単元計画

	主な学習活動と評価	本時の問い	ICT 活用例
①	縄文時代の遺跡の出土品から当時の人々の生活の様子を想像する。【主体態】	縄文のむらのくらしについて考えましょう。	縄文時代の遺跡に関する動画で当時の生活の様子を調べる。
②	縄文時代と弥生時代の二枚の想像図を読み取り、生活の変化を捉える。【知・技】	縄文時代と弥生時代の想像図を見比べながら話し合い、学習問題をつくりましょう。	Jamboard で二枚の想像図の生活の様子を読み取る。
③	四季の様子の違いについて読み取る活動から稲作による生活の変化について単元の学習問題をつくる。【主体態】	米づくりが始まったころのむらや人々の様子についてまとめましょう。	Google map を使って稲作の広がりについて想像する。
④	吉野ケ里遺跡や出土品について調べ、争いの起こりやくにの誕生の様子を捉える。【知・技】	米づくりの広がりによって、むらの様子はどのように変わったのでしょうか。	Jamboard で吉野ケ里遺跡の写真から気付いたことを読み取る。
⑤	古墳誕生の理由と、建立までの様子を調べ、王の権力について考える。【思・判・表】	古墳は、何のために、どのようにしてつくられたのでしょうか。	Google map で古墳と学校を重ね合わせ、大きさを比べる。
⑥	大和朝廷の出土品が発掘された地図の読み取りから、国土の統一について捉える。【知・技】	大和朝廷（大和政権）は、どのように国土を支配していったのでしょうか。	Jamboard で大和朝廷の広がりについて想像する。
⑦	稲作の誕生とくにの統一について新聞を書く。【思・判・表】	米づくりが始まったことで起こった変化について、まとめましょう。	ドキュメントで共同編集して新聞をつくる。

教材化のポイント

　この単元は、土器を使用する生活の様子を調べるとともに、稲作による生活の変化と身分の差の起こりを調べ、くに同士が争い始め国土が統一されていく様子について捉えていくようにします。歴史学習の初めとして学習の進め方を身に付ける側面もあることから、想像図などから俯瞰して考えたり、出土品から使い方や生活の様子を想像したりする活動を大切にしていきましょう。シミュレーション活動を取り入れて、当時の人の気持ちになって考える活動を重点的に取り入れていくことも大切にしたいものです。

テーマ深掘り・探究のポイント

・争いがなく平和だったことや、食料が充分に手に入ったことなどから生活が安定していたと考えられている。

・当時の発掘物や時代前後の関係、中国や朝鮮半島のつながりなど、調べてきた根拠をもって考えていることが大切です。

・「大和朝廷」の力が強まったから4世紀。古墳がたくさんつくられたから5世紀。古事記のヤマトタケルノミコトがいた1世紀から2世紀。（調べたことを根拠に）

縄文のむらのくらしについて考えましょう

年　　組　名前（　　　　　　　　　　　　　）

❶ 縄文時代の遺跡や貝塚からどんなものが見つかったのでしょうか。まとめてみましょう。

縄文時代の遺跡	貝塚

❷ 遺跡や貝塚から見つかったものから、人々がどんなくらしをしていたのか想像して絵や言葉でまとめましょう。

❸ 縄文時代の人々の 1 年間のくらしや当時の絵や写真を参考にして、5000年以上も前からしばらくの間、同じ時代が続いた理由を考え、話し合いましょう。　話し合おう

⸛ャレンジ
縄文土器が一番多く発見されたのはどこでしょうか。調べてみましょう。

縄文時代と弥生時代の想像図を見比べながら話し合い、学習問題をつくりましょう

年　　組　名前（　　　　　　　　　　　　　　）

❶ 縄文時代と弥生時代の想像図を比べて、それぞれの特徴を書き出しましょう。

縄文時代のくらし	弥生時代のくらし

❷ 単元の学習問題をつくりましょう。

❸ 「弥生時代」は、縄文時代とどのように変わったのでしょうか。弥生時代を一言で言うとどんな時代なのかグループで話し合い、交流しましょう。

話し合おう

....

....

....

❹ 「米づくり」が中国から伝わって、生活がどのように変化したのか考え、説明しましょう。

....

....

....

米づくりが始まったころの
むらや人々の様子についてまとめましょう

年　　組　名前（　　　　　　　　　　　　　　）

❶ 米づくりの春、夏、秋、冬の農作業の様子の絵を見て気付いたことを表にまとめましょう。

春	夏
秋	冬

❷ 弥生時代の人々はこの時代に誕生した弥生土器や木製のくわ、石包丁をどのように使って米づくりをしていたのでしょうか。想像してイラストと言葉でまとめましょう。

❸ 米づくりの伝わった道の地図を見て、米が中国から日本までどのようなルートをたどってどのようにして広がっていったのか予想し、話し合いましょう。 話し合おう

米づくりの広がりによって、むらの様子はどのように変わったのでしょうか

年　　組　名前（　　　　　　　　　　　　）

❶ 復元された吉野ケ里遺跡の写真にあるさくや堀はどのように使われていたのでしょうか。予想しましょう。

....

....

....

❷ 吉野ケ里遺跡の出土品の写真を見て、どんな目的でどのように使われていたのか考え、話し合いましょう。 話し合おう

出土品	道具の目的と使い方

❸ 中国や沖縄、出雲地方（島根県）の出土品が見つかっていることから、王や豪族たちが他のむらやくにとどのように交流していたのか話し合いましょう。 話し合おう

....

....

チャレンジ この時代にあったとされる邪馬台国について調べてみましょう。この所在地について、「畿内説」と「九州説」がありますが、あなたはどちらだと考えましたか。

....

....

....

古墳は、何のために、どのようにして、つくられたのでしょうか

年　　組　名前（　　　　　　　　　　　　　　）

❶ 前方後円墳が見つかった地域にはどんな特徴がありますか。

....

....

....

❷ 埼玉県稲荷山古墳からも熊本県江田船山古墳からもワカタケル大王と書かれた鉄の剣、刀が見つかったことから、ワカタケル大王がどんな人であったことが想像できますか。

....

....

....

❸ 大和朝廷が奈良盆地を中心に九州地方から東北地方までの豪族や王たちを従えていたと言える証拠を教科書や地図帳、資料から探してみましょう。

奈良盆地の様子	九州地方から東北地方までの様子

チャレンジ 日本の国の成り立ちの年表をつくり、「日本」という国がいつごろできたのか予想して話し合ってみましょう。

話し合おう

いつごろ	主なできごと
5500 年前	
2300 年前	
1 世紀	
3 世紀	
4 世紀	
5 世紀	
6 世紀	

「日本」という国ができたのは…

大和朝廷（大和政権）はどのように国土を支配していったのでしょうか

年　　組　名前（　　　　　　　　　　　　）

❶ 仁徳天皇陵古墳についてのデータをまとめ、広さを調べましょう。

工事期間	
動員人数	
総費用	
はにわの製作費	

❷ 古墳を築いている想像図にはどんな人がいますか。人々が何をしているのかまとめましょう。

....
....
....
....

❸ 天皇と人々はそれぞれ古墳のことをどのように見ていたのでしょうか。気持ちを予想してみましょう。

天皇	人々

チャレンジ 地図帳で古墳がある場所を調べましょう。どんなところに古墳が集まっているのかを読み取って、古墳時代はどんな生活をしていたのか調べてみましょう。

....
....
....

米づくりが始まったことで起こった変化について、まとめましょう

年　　組　名前（　　　　　　　　　　　　）

米づくりが広がって人々の生活が変化した様子の新聞をつくります。

❶ 新聞のタイトルを考えましょう。

....

....

....

....

❷ 縄文時代について一番伝えたいことと、学んだ感想をまとめて記事にしましょう。

....

....

....

....

❸ 弥生時代について一番伝えたいことと、学んだ感想をまとめて記事にしましょう。

....

....

....

....

❹ 古墳時代について一番伝えたいことと、学んだ感想をまとめて記事にしましょう。

....

....

....

....

❺ 米づくりが始まったことで人々のくらしはどのように変わったと考えられるのか考え、社説にしましょう。

....

....

....

....

日本の歴史

天皇中心の国づくり

学習計画　**6時間**

おすすめ活動　**仏像の大きさ体験**

単元計画

	主な学習活動と評価	本時の問い	ICT活用例
①	聖徳太子の行った政治について調べ、単元の学習問題をつくる。【主体態】	聖徳太子が行った政治について整理し、学習問題をつくりましょう。	スクールタクトに年表を貼り付けて読み、感想を交流する。
②	大化の改新などの政治の改革について調べ、天皇中心の国ができる様子を捉える。【知・技】	聖徳太子の死後は、だれが、どのような国づくりを進めたのでしょうか。	Jamboardに貼った日本地図に特産物を調べて書きこむ。
③	平城京に都を移したころの様子や仏教を広げるための政策について捉える。【知・技】	聖武天皇は、どのようにして世の中を治めようとしたのでしょうか。	Jamboardに年表を貼り付けて読み、政治の効果を交流する。
④	大仏づくりや開眼式の様子について調べ、国内・国外に向けた効果を考える。【思・判・表】	大仏づくりは、どのように進められたのでしょうか。	Jamboardで開眼式に参加した日本人、外国人の感想を書く。
⑤	正倉院の宝物調べから、シルクロードを介した文化交流の様子について捉える。【知・技】	奈良に都があったころ、日本は、大陸からどのようなことを学んだのでしょうか。	動画や写真で正倉院の様子を調べる。
⑥	単元の学習を整理し、人物の立場でこの時代の政治について考える。【思・判・表】	天皇中心の国づくりについて、調べてきたことを整理し、世の中の様子をまとめましょう。	スクールタクトで人物の気持ちを吹き出しで書いて交流する。

教材化のポイント

　この単元は、聖徳太子や聖武天皇の政治や当時の様子について調べる中で、天皇を中心とする国づくりとはどんなものかを考えていくようにします。また、人々のくらしの安定に向けた政治の工夫にも着目して調べていきたいところです。また、政治のしくみはもちろんのこと、外交、税制、宗教、文化など様々な面で制度が整えられていく様子を確認していくようにします。これらの改革を支えたのが、渡来人や多くの一般の人々の労働力であることを踏まえ、当時の人々の思いを想像していくことを大切にしていきましょう。

テーマ深掘り・探究のポイント

・聖徳太子：一つの国として認めてほしい　隋：遅れている国なのに生意気だ。

・歴史をまとめる…天皇の偉大さを伝える　　病気や反乱が起こる…人々が不安
都を何度も移す…よくないことが起こって　寺や大仏をつくる…仏教で不安を鎮める

・多くの人々に協力してもらわないと完成しないような大きな事業だった。人々に仏教に興味をもち、信仰してほしかった。

・日本の人…自分を顧みることなく日本のために尽くしてくれた恩人だと思う。
中国の人…命がけで日本に行った理由がよくわからない不思議な人だと思う。

聖徳太子が行った政治について整理し、学習問題をつくりましょう

年　　組　名前（　　　　　　　　　　　　）

❶ 聖徳太子が進めた政治について調べてまとめましょう。

遣隋使：

冠位十二階：

十七条の憲法：

❷ 聖徳太子がどんなことを大切にして政治をしたのか考えましょう。

❸ 聖徳太子が隋の皇帝を怒らせるような手紙を送ったのはどうしてでしょうか。
太子と隋の皇帝それぞれの立場で手紙を送ったときの気持ちを話し合いましょう。

話し合おう

聖徳太子	隋の皇帝

❹ 単元の学習問題をつくりましょう。

❺ 聖徳太子が亡くなった後はだれが国づくりを進めていったのでしょうか。教科書の年表を参考にして予想を立てましょう。

聖徳太子の死後は、だれが、 どのような国づくりを進めたのでしょうか

年　　組　名前（　　　　　　　　　　　　　）

❶ 聖徳太子の死後、蘇我氏を倒して天皇中心の国づくりを進めた二人の名前を調べましょう。

....

....

❷ 大化の改新によって始めた政治とその効果について表にまとめましょう。

政治	効果
年号を定める	
土地や人々は天皇のもの	
豪族を貴族に	
藤原京をつくる	
律令をつくる	

❸ 全国各地の産物と都に運ばれる道を地図に まとめましょう。

44

聖武天皇は、どのようにして世の中を治めようとしたのでしょうか

年　　組　名前（　　　　　　　　　　　　　）

❶ 教科書にある平城京の様子の絵を見ると、幅約 70 mの朱雀大路が伸びています。朝廷の役所の前にこんなに大きな路をつくったのはどうしてか予想しましょう。

....
....
....

❷ 山上憶良の歌を読んで、農民たちがどんな生活をしていたのか考えましょう。そして、憶良がどんな気持ちを伝えたくて歌をよんだのか話し合いましょう。

話し合おう

....
....
....

❸ 聖武天皇の年表からわかることを4つ取り上げましょう。

年表の特徴	わかること

❹ 聖武天皇が仏教を広めるために行ったことを調べてまとめましょう。

....
....
....

大仏づくりは、どのように進められたのでしょうか

年　　組　名前（　　　　　　　　　　　　　）

❶ 東大寺の大仏の各部分の大きさと、どのようにつくられたのか調べましょう。

大きさ
材料、工事に携わった人数、完成までにかかった年数など

❷ 土木工事をしていた行基が大仏づくりに協力したのはなぜでしょうか。

....

....

....

❸ どうして聖武天皇は開眼式に貴族だけでなく中国やインドの僧たちを呼んだのでしょうか。大仏の開眼式を行う意味を国内と外国、それぞれに向けてどんなことをねらっていたのかを話し合いましょう。　話し合おう

国内に向けて	外国に向けて

チャレンジ 聖武天皇の詔から、大仏に心をこめるには、人々の力が必要であることを訴えています。お金も権力ももっていた天皇がわざわざ人々に協力をお願いしたねらいを考えましょう。

....

....

....

奈良に都があったころ、日本は、大陸から どのようなことを学んだのでしょうか

年　　組　名前（　　　　　　　　　　　　　）

❶ 東大寺の正倉院に残っている宝物がどこから来たものか調べましょう。

宝物の名前	どこの国のものか

❷ 世界と日本をつなぐ航路を見て、唐（中国）に世界の国々の様々なものが集まっていた理由を考えましょう。

....

....

....

❸ 中国や朝鮮半島の人たちから学んだ文化について、ものとことに分けてまとめましょう。

もの	こと

チャレンジ 鑑真は6回にわたって渡航に挑戦し、両目の視力を失ってまで日本に来て仏教を広めてくれました。日本や中国の人は鑑真のことをどう思っていたのか予想してみましょう。

....

....

....

天皇中心の国づくりについて、調べてきたことを整理し、世の中の様子をまとめましょう

年　　組　名前（　　　　　　　　　　　　　　　　）

❶ この時代に活躍した人物が新しい国づくりのためにどんなことをしたのか整理しましょう。

活躍した人物	新しい国づくりのためにしたこと

❷ この時代の人々は天皇中心の世の中をどう思っていたのでしょうか。それぞれの立場で考え、比べてみましょう。

中大兄皇子	
聖武天皇	
農民	

比べてわかったこと：

チャレンジ この時代にできた建物の中から一つ選んで、どのようにつくられたのか調べましょう。

48

貴族のくらし

学習計画	**3時間**
おすすめ活動	**貴族の遊びに挑戦**

単元計画

	主な学習活動と評価	本時の問い	ICT活用例
①	貴族の屋敷の様子の絵から当時の生活の様子を読み取り、学習問題をつくる。【主体態】	藤原道長ら、貴族がどのようなくらしをしていたのか話し合い、学習問題をつくりましょう。	Jamboardに貴族のくらしの絵を貼り、気付いたことをまとめる。
②	当時の建物のつくりや服装、文字、文学について調べ、国風文化の特徴を捉える。【知・技】	藤原氏が栄えていたころ、どのような文化が生まれたのでしょうか。	Googleスライドで国風文化の中から一つ選んで調べてまとめ、それをグループの仲間と交流する。
③	今に伝わる年中行事や遊びなどの文化についてまとめ、平安時代の文化の特色について考え、キャッチコピーをつくる。【思・判・表】	貴族が栄えていたころの年中行事で、今に伝えられているものにはどのようなものがあるのでしょうか。	スクールタクトでキャッチコピーとその解説スライドを作成し、交流する。

教材化のポイント

　この単元は、平安時代の貴族のくらしについて調べ、日本らしい文化の特色をつかんでいきます。食事や1日の生活、遊びといった、「こと」を具体的に想像することで、豊かな暮らしをしていたことをつかませていきたいです。そのために、実際に十二単の重さをまとったり源氏物語を読んだり百人一首に取り組むなど体験を通して文化に触れていくようにしましょう。また、これらの文化が日本らしい文化として現代に残っている点から、文化伝導の価値についても考えさせていきたいものです。

テーマ深掘り・探究のポイント

・けまりで遊んでいる人がいる。車に乗っている人と周りに付き添いの人たちがいる。屋敷が立派で優雅。身分の低い人たちがいて、家もみすぼらしいつくり。

・天皇を自分たちで決めていた。自分たちの食べたいものを全国から取り寄せていた。仕事は家来にさせて1日中遊んでいた。身分の低い人にお使いを頼んでいた。

・身分の低い人が近くに住んでいると身の回りのお世話をしてくれて便利だから。屋敷に住まわせる身分の低い人の数が多いほど権力が大きいから。

・楽器を演奏する姿がお正月や七五三などに見る行事と同じ。また、平安時代の人たちの衣装が天皇陛下や皇族の方々、神社の人が着ているので、日本らしさを感じる。

・貴族のくらしがこれだけ発展したということは、中国から学ぶことがなくなるくらいこのころの日本は発展したと思う。唐の国に学ぶものがなかったから。

・天皇や皇族の人たちは、束帯や十二単を着ることがある。お正月などで、百人一首のような歌（和歌）をつくっている。

藤原道長ら、貴族がどのようなくらしをしていたのか話し合い、学習問題をつくりましょう

年　　組　名前（　　　　　　　　　　　　　）

---

❶ 都の貴族のやしきの様子（想像図）を見て、どんな人がいるか見てみましょう。

....

....

....

....

❷ 藤原道長がよんだ「もち月の歌」から、当時の藤原氏がどのくらい権力が大きかったと思いますか。「こんなこともしていた」と思うという予想をしてみましょう。

....

....

....

❸ 貴族と庶民の食事の写真を見て気付いたことをまとめましょう。

貴族	庶民

チャレンジ なぜ、貴族のやしきの裏に身分の低い人が住んでいるのでしょうか。話し合いましょう。　　　　**話し合おう**

....

....

....

❹ 単元の学習問題をつくりましょう。

藤原氏が栄えていたころ、どのような文化が生まれたのでしょうか

年　　組　名前（　　　　　　　　　　　　　　）

❶ 平安時代の主な文化について調べましょう。

文化	特徴

❷ このときに誕生した日本風の文化を「国風文化」と呼びます。どんなところが日本らしいと感じましたか。話し合ってみましょう。

話し合おう

....
....
....

チャレンジ！ この時代の文化は、894年に遣唐使を廃止してから始まりました。これまで中国からたくさんのことを学んできた日本がなぜ遣唐使を廃止したのか考えてみましょう。

....
....

貴族が栄えていたころの年中行事で、今に伝えられているものにはどのようなものがあるのでしょうか

年　　組　名前（　　　　　　　　　　　　　　）

❶ 平安時代の主な年中行事を整理して、今とどんなつながりがあるか考えましょう。

月	行事	今とのつながり
1月		
2月		
3月		
4月		
5月		
6月		
7月		
8月		
9月		
10月		
11月		
12月		

❷ 平安時代の文化の特色をキャッチコピーに表し、交流しましょう。

キャッチコピー：

[説明]：

チャレンジ

平安京に都を移してから、明治時代、江戸が「東京」と名前を変えるまでの間、天皇は京都でくらしていたので、今も当時の文化が残っています。平安時代とつながっている天皇や皇族の人たちのくらしを見つけてみましょう。

日本の歴史

武士の世の中へ

学習計画	**6時間**
おすすめ活動	**シミュレーション**

単元計画

	主な学習活動と評価	本時の問い	ICT活用例
①	武士のやかたの様子の想像図を読み取る活動から学習問題をつくる。【主体態】	武士のやかたの様子から武士とはどのような人々なのかを話し合い、学習問題をつくりましょう。	Jamboardで武士のやかたの想像図を読み取る。
②	平清盛の年表を読み取り、武士の政治が始まり、力を付けていった様子を捉える。【知・技】	平氏は、どのようにして勢力をのばしていき、なぜ、力を失っていったのでしょうか。	NHK for Schoolで武士の誕生にかかわるクリップ動画を観る。
③	源平の戦いについて地図や年表を基に調べ、鎌倉幕府が開かれる様子を捉える。【知・技】	源平の戦いを通して、頼朝はどのような武士の政治を目指していたのでしょうか。	Googleスライドで源氏や平氏の人物について調べまとめる。
④	源頼朝が幕府を鎌倉に設置し、政治を始めた理由について政権の安定の観点から考え、表現する。【思・判・表】	源頼朝は、どのように武士たちを従えていったのでしょうか。	Google Earthのストリートビューで鎌倉の地形を調べる。
⑤	幕府が元の襲来を退けた後に衰退していく様子を捉える。【知・技】	鎌倉幕府は、どのように元軍と戦い、その後はどうなっていったのでしょうか。	NHK for Schoolで元寇の動画を観て戦いのイメージをつかむ。
⑥	竹崎季長の台詞を考える活動から、武家政治の特色を捉える。【知・技】	武士の世の中への移り変わりについて調べてきたことを整理し、自分の考えをまとめましょう。	Jamboardで幕府と竹崎季長の台詞を考える。

教材化のポイント

　この単元は、武士が誕生して力を付けていく様子と武家政権のしくみ、元寇による鎌倉幕府が衰退するまでの様子と武士の生活の誕生と衰退までを学習していきます。そのために、貴族の生活の様子との比較や源平の争いの様子、御恩と奉公の関係、元の襲来時の戦いの様子など、イラストや動画を駆使して具体的に調べるとともに、立場の違いを考えていくことが大切です。また、源平の争いや鎌倉幕府の位置、元寇の様子については地図を使い空間的な見方・考え方を用いて学習し、地政学的な学びも進めていきたいところです。

テーマ深掘り・探究のポイント

・平氏の領地である西国を船で行き来する際に必ず通らなくてはならない大事なところ。また、宮島（厳島）は昔から神聖な場所として人々から見られていた。

・御成敗式目によって武士が守るべききまりが明確になったことで、裁判がスムーズに進められ、御家人たちは幕府のきまりを守ろうとするようになった。

・あまり長距離の航海をしなくても島を伝って朝鮮半島と日本列島を行き来することができる上に、台風や波の影響も少ないため。

武士のやかたの様子から武士とはどのような人々なのかを話し合い、学習問題をつくりましょう

年　　組　名前（　　　　　　　　　　　）

❶ 武士のやかたの様子（想像図）を貴族のくらしの様子と比べてみましょう。ちがうと思うことを書き出してみましょう。

武士のやかた	貴族のくらし

❷ 単元の学習問題をつくりましょう。

❸ 武士がどのように誕生したかを調べ、どのような人々なのかを予想し話し合いましょう。

話し合おう

....

....

....

❹ 武士と貴族はお互いのことをどう思っていたのでしょうか。考えてみましょう。

武士	貴族

平氏は、どのようにして勢力をのばしていき、なぜ、力を失っていったのでしょうか

年　　組　名前（　　　　　　　　　　　）

❶ 源氏と平氏の勢力範囲について調べ、表にまとめましょう。

源氏		平氏
	勢力を伸ばした地域	
	中心人物	
	政治のしくみ	

❷ 平清盛が権力をつけていく様子について、年表をつくって考えましょう。

年	できごと	平清盛の権力の変化
1156		
1159		
1167		
1172		
1180		

❸ 平氏の政治に対して天皇や貴族、源氏はどのように思っていたでしょうか。それぞれの立場で考え、話し合いましょう。

話し合おう

天皇	貴族	源氏

チャレンジ！ 世界遺産にもなっている厳島神社は平清盛が平氏の守り神として大切にしてきました。平清盛がこの場所を大切にした理由を資料や地図で調べ、考えてみましょう。

....

....

....

55

源平の戦いを通して、頼朝はどのような武士の政治を目指していたのでしょうか

年　　組　名前（　　　　　　　　　　　　　　　）

❶ 源氏と平氏の勢力範囲それぞれに色をぬり、源氏が
どこを通って平氏と戦ったかを調べ、下の地図にまと
めましょう。

(出典：花子・ジャストシステム)

❷ 源頼朝の年表を完成させ、それぞれの時期の頼朝の気持ちをキャッチコピー
に表して友達と交流しましょう。

年	できごと	キャッチコピー（頼朝の気持ちを一言で）
1159		
1160		
1180		
1185		
1192		

❸ 源頼朝は政府を開くために、地方につけた役人の役職と自分が朝廷から任命された役職
を調べ、下の表にまとめましょう。

地方の武士（御家人）につけた役職	頼朝が朝廷から任命された役職

源頼朝は、どのように武士たちを従えていったのでしょうか

年　組　名前（　　　　　　　　　　　）

❶ 平清盛と源頼朝が政府をつくった場所を下の地図で示しましょう。

（出典：花子・ジャストシステム）

❷ 鎌倉の地形について教科書や地図帳で調べてわかることをまとめましょう。

....

....

....

❸ 源頼朝が武士を従えるために行った政治について調べ、下の図にかきこみましょう。

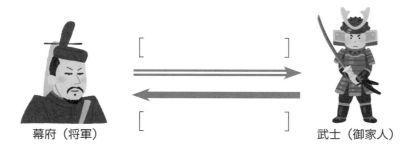

幕府（将軍）　　　[　　　　　]　　→　　[　　　　　]　　武士（御家人）

チャレンジ！ 鎌倉幕府が北条氏の執権による政治に変わっても長く続いたのは、御成敗式目の制定が影響していると言われています。この法律ができたときの様子やその内容を調べ、幕府が長続きした理由を話し合いましょう。

話し合おう

....

....

....

鎌倉幕府は、どのように元軍と戦い、その後はどうなっていったのでしょうか

年　　組　名前（　　　　　　　　　　　　）

❶ 元のフビライが日本を攻めようとした理由と当時の執権北条時宗の気持ちを考えましょう。

フビライのねらい	北条時宗の気持ち

❷ 元寇の戦いの様子と結果を絵や地図、動画で調べまとめましょう。

元軍の様子	鎌倉幕府の武士たちの様子

[戦いの結果]

NHK for School
『歴史にドキリ
北条時宗
〜元との戦い』

❸ 恩賞を求める竹崎季長の絵を見て、二人の人物の気持ちを考え、台詞を書いてみましょう。

幕府の役人	竹崎季長

チャレンジ 玄界灘にある太宰府は古くから日本が中国や朝鮮半島と交易をするときの玄関口となっていました。ここが玄関口となった理由を地図などで調べ、考えましょう。

....

....

....

今に伝わる室町文化

学習計画	**3** 時間
おすすめ活動	**すみ絵体験**

単元計画

	主な学習活動と評価	本時の問い	ICT 活用例
①	金閣と銀閣について写真や資料を比較する活動から、室町時代の文化の特色と世の中の様子について考え、単元の学習問題をつくる。【主体態】	銀閣の様子を見たり、金閣と比べたりしながら話し合い、学習問題をつくりましょう。	Jamboard で金閣と銀閣を比較して気付いたことを付箋にまとめる。
②	書院造をはじめとする室町時代に生まれた文化について調べ、現代に引き継がれている文化の特色を捉える。【知・技】	室町時代の文化には、どのような特色があるのでしょうか。	スプレッドシートで銀閣やすみ絵、茶の湯と現代とのつながりについて考える。
③	室町時代に生まれた文化で、現在に伝わるものについて調べるとともに、単元を通して調べてきたことから現代の文化とのつながりについて考え、表現する。【思・判・表】	室町時代に生まれた文化で、現在に伝わるものには何があるでしょうか。	NHK for School や You Tube 動画で様々な文化を調べる。スクールタクトで調べ学習のまとめスライドをつくる。

教材化のポイント

　この単元は、室町時代に誕生した文化について調べる中で、わび・さびを基調とした日本の伝統文化のきっかけとしての特色を捉えていくようにします。また、金閣と銀閣の比較によって、室町時代の全盛期と退潮の様子をつかむことで、その後に続く戦乱の世のきっかけについても考えることができます。茶の湯や生け花、能や狂言などが現代にもそのまま受け継がれたり、形を変えて残っていたりしている様子については、動画や写真を使って具体的に調べていくようにしたいものです。

テーマ深掘り・探究のポイント

・足利尊氏は、鎌倉幕府に対して不満をもっている武士たちを束ねて天皇とともに幕府を倒した。その後天皇の政権と対立して倒し、新しい天皇を立てて幕府を開いた。

・違い棚、ふすま、たたみ、障子、付け書院。立派な家には、同じような庭や植木があり、外からの見た目も似た造りがある。

・文化の特徴：質素で落ち着きのある「わび・さび」という感覚を大切にしている。
　引き継がれる理由：お金のない庶民でもまねできて、心が休まるから。

・茶の湯：煎茶など、お茶を飲みながら語り合う。お茶会もある。
　生け花：フラワーアレンジメントや花束を贈る。　書院造：今でも色々な「和室」がある。

・しょうゆを伝える。とてもおいしいものだし、効果的に塩分を取ることができ、激しい戦を続けるために必要だから。

銀閣の様子を見たり、金閣と比べたりしながら話し合い、学習問題をつくりましょう

年　　組　名前（　　　　　　　　　　　）

❶ 単元の学習問題をつくりましょう。

❷ 金閣と銀閣を比べて下の表にまとめましょう。

金閣		銀閣
	つくった人	
	できた年	
	建物の特徴	
	感じた印象	

❸ 室町時代の年表を完成させ、できごとの頃の足利義満や足利義政の気持ちについて話し合いましょう。

話し合おう

年	できごと	気持ち
1378		
1397		
1449		
1467		
1489		

チャレンジ！　足利尊氏がどのようにして鎌倉幕府を倒し、室町幕府を開いたのか調べてまとめましょう。

....

....

....

室町時代の文化には、どのような特色があるのでしょうか

年　　組　名前（　　　　　　　　　　　　　）

❶ 銀閣寺東求堂にある書院造の写真を見て、今の家の造りにも残っているものを調べましょう。

....

....

....

❷ すみ絵がだれによって芸術として大成され、どのように盛んになったのか調べましょう。

盛んにした人の名前：

盛んになるまでの様子：

....

....

....

❸ 書院造やすみ絵、茶の湯、生け花などの室町時代の文化の特徴についてまとめ、それらが現代に引き継がれている理由を考えて話し合いましょう。 話し合おう

室町時代の文化の特徴：

....

....

現代に引き継がれる理由：

....

....

....

チャレンジ 茶の湯や生け花、書院造はそのままではなくても、形を変え今、わたしたちの生活の中にとけこんでいます。どのように形を変えているか考えてみましょう。

茶の湯	生け花	書院造

61

室町時代に生まれた文化で、現在に伝わるものには何があるでしょうか

年　　組　名前（　　　　　　　　　　　）

❶ 能と狂言について調べてみましょう。

能	狂言

❷ 室町時代に誕生したその他の文化について一つ選んで調べましょう。

文化の名前：

調べてわかったこと：

❸ 単元で調べてきたことから、室町時代の文化を紹介するスライドをつくりましょう。

タイトル	写真・絵の解説
入れる写真・絵	室町時代の文化の特徴とは

チャレンジ あなたがこの頃誕生した有力な武士の大名だったら、室町時代の文化の中で一族がくらす地方に何を伝えますか。一つ選んで理由を答えましょう。

私が地方に伝える文化は

日本の歴史

戦国の世から天下統一へ

学習計画	**6時間**
おすすめ活動	**パネルディスカッション**

単元計画

	主な学習活動と評価	本時の問い	ICT活用例
①	長篠合戦図屏風を読み取り、戦国の世の中の特色をつかむ。【知・技】	長篠の戦いがあったころの世の中は、どのような様子だったのでしょうか。	Jamboardで長篠合戦図屏風から気付いたことを読み取る。
②	年表から織田信長と豊臣秀吉の生涯を比較し、力をつけていく様子について単元の学習問題をつくる。【主体態】	戦国の世の変化について話し合って学習問題をつくり、学習計画を立てましょう。	Jamboardで織田信長と豊臣秀吉の年表に気付いたことを書きこむ。
③	スペインやポルトガルの宣教師や貿易船がきて関係を深める様子を捉える。【知・技】	戦国の世では、日本とヨーロッパにはどのようなかかわりがあったのでしょうか。	Google mapを使って鉄砲やキリスト教が伝わる道を確認する。
④	織田信長の政策について経済面と軍事面から調べ、特徴を捉える。【知・技】	織田信長は、天下統一をするために、どのようなことを行ったのでしょうか。	NHK for Schoolで楽市楽座の政策について調べる。
⑤	豊臣秀吉の政策について経済面と軍事面から調べ、特徴を捉える。【知・技】	豊臣秀吉は、天下統一を進めるために、どのようなことを行ったのでしょうか。	NHK for Schoolで検地と刀狩について調べる。
⑥	調べてきたことをまとめ交流する。【思・判・表】	信長と秀吉がどのように天下統一を進めていったのか、調べてきたことを整理し、話し合いましょう。	Googleスライドで二人についてまとめる。

教材化のポイント

　この単元は、織田信長と豊臣秀吉という戦国の世を統一した二人の人物について調べ、両者の政策と人々のくらしの変化について捉えていきます。戦国の世として軍事面での政策について調べることはもちろん、外国の勢力とのかかわりや経済の発展について考えることで、人々のくらしの変化を想像させていくことが大切です。単元の最後には二人の人物を比べ、どちらかを選択・判断する場を設定し、政策や人気の秘密について考えられるようにしていきましょう。

テーマ深掘り・探究のポイント

・室町時代の将軍には大きな権力はなく、管領や大名の補佐による政権だった。そのため、将軍を味方につけて権威にするなどシンボルのような存在だった。

・鉄砲など新しい技術が入り、それらの生産を増やしていったことで経済が発展した。

・元寇のときと同じように、武士に働いてもらったら領土を与える必要があるので、新しい土地を求めた。明と貿易をしたり征服したりできれば、より発展できると考えた。

・大阪は、日本最大の都市だった京都と日本最大の港町だった堺の間にあり、物を運ぶ拠点として将来発展する可能性が高いと見たから。

長篠の戦いがあったころの世の中は、どのような様子だったのでしょうか

年　組　名前（　　　　　　　　　　　）

❶ 長篠の戦い（長篠合戦図屏風）を見て、左側の織田・徳川連合軍、右側の武田軍に分けて、気付いたことをまとめましょう。

織田・徳川連合軍	武田軍

❷ 長篠合戦図屏風を見ると、武士が大きな旗をつけて戦っています。この人たちを軍目付と呼ばれる人たちが山の上から見ていました。どうしてこのようなことをしていたのでしょうか。調べたり話し合ったりしてまとめましょう。

…………………………………………………………………………………………………
…………………………………………………………………………………………………
…………………………………………………………………………………………………
…………………………………………………………………………………………………

❸ 長篠の戦いでは、織田・徳川連合軍が当時は実用的ではなかったはずの鉄砲を使い、戦国時代最強と言われた武田軍の騎馬隊を破った理由について、資料で調べて考えましょう。

…………………………………………………………………………………………………
…………………………………………………………………………………………………
…………………………………………………………………………………………………

チャレンジ　戦国の世は、室町幕府があるのに将軍の足利の名前が全く見られません。この当時、将軍はどのような状況だったのでしょうか。調べてみましょう。

…………………………………………………………………………………………………
…………………………………………………………………………………………………
…………………………………………………………………………………………………

戦国の世の変化について話し合って 学習問題をつくり、学習計画を立てましょう

年　　組　名前（　　　　　　　　　　　　　　　）

❶ 織田信長と豊臣秀吉の生涯について調べ、年表を完成させましょう。

年	織田信長	年	豊臣秀吉
1560		1560	
1562		1582	
1569		1583	
		1585	
1571		1588	
1573		1590	
1576		1592	
1577		1597	
1582		1598	

❷ 単元の学習問題をつくりましょう。

❸ 二人の生涯の年表を見て、気付いたことと天下統一できた理由について話し合いましょう。

話し合おう

織田信長		豊臣秀吉
	年表を見て気付いたこと	
	天下統一できた理由	

戦国の世では、日本とヨーロッパには どのようなかかわりがあったのでしょうか

年　　組　名前（　　　　　　　　　　　　　　　）

❶ 戦国の世に日本にやってきたヨーロッパの人々はどんな目的で日本に来て、日本の人々はどんな目的で交流をもとうとしたのか調べ、話し合いましょう。 話し合おう

ヨーロッパの人々の目的	日本の人々の目的

❷ この時代に鉄砲とキリスト教が伝わってきて世の中が大きく変化しました。伝わってきたときの様子について調べてまとめ、それからの日本がどう変わっていきそうか予想しましょう。

鉄砲		キリスト教
	伝わった都市	
	伝えた場所	
	伝えた人	
	人々への 変化・影響	
	日本の今後の予想	

❸ ヨーロッパの国々と貿易を始めた日本の経済はどのように変化したのでしょうか。調べてまとめましょう。

....

....

....

チャレンジ ヨーロッパとの貿易によって新しく伝わってきた文化は他にどんなものがありますか。調べてみましょう。

....

....

....

織田信長は、天下統一をするために、どのようなことを行ったのでしょうか

年　　組　名前（　　　　　　　　　　　　　）

❶ 織田信長はどのようにして室町幕府を滅ぼしたのか調べましょう。

....

....

....

....

❷ 織田信長が天下統一に向けて進めた政策を軍事面と経済面に分けて調べましょう。

軍事面	経済面

❸ なぜ、織田信長はキリスト教を保護したのでしょうか。理由を考えて話し合いましょう。

話し合おう

....

....

....

....

チャレンジ 織田信長は、拠点を安土城（滋賀県）にしました。これまで都だった京都ではなく、滋賀県にした理由について調べるなどして考え、話し合いましょう。

話し合おう

....

....

....

豊臣秀吉は、天下統一を進めるために、どのようなことを行ったのでしょうか

年　　組　名前（　　　　　　　　　　　　）

❶ 豊臣秀吉は織田信長がなくなった後、どのようにして天下統一を果たしたのか調べましょう。

....
....
....
....

❷ 豊臣秀吉が天下統一に向けて進めた政策を軍事面と経済面に分けて調べましょう。

軍事面	経済面

❸ なぜ、豊臣秀吉は天下統一した後も勢力を広げようと明や朝鮮半島を目指したのでしょうか。理由を考えて話し合いましょう。　話し合おう

....
....
....

チャレンジ！ 豊臣秀吉は、拠点を大阪城（大阪府）にしました。これまで都だった京都や安土城ではなく、大阪府にした理由について調べるなどして考え、話し合いましょう。　話し合おう

....
....
....

江戸幕府と政治の安定

	学習計画	**6時間**
	おすすめ活動	バーチャル参勤交代

単元計画

	主な学習活動と評価	本時の問い	ICT活用例
①	江戸幕府の大名配置図の読み取りから、幕府の政治に対する問題意識をもつ。【主体態】	江戸幕府が力を強め、政治を安定させたしくみについて話し合い、学習問題をつくりましょう。	NHK for School で関ヶ原の戦いの動画を見る。
②	武家諸法度や江戸図屏風、幕府の体制図を読み取り、政治のしくみを捉える。【知・技】	徳川家康が開いた江戸幕府は、徳川家光にどのように受けつがれたのでしょうか。	Google map で当時の江戸城や城下町の広さを確認する。
③	参勤交代について調べ、大名統制と道路整備による産業発展のしくみを捉える。【知・技】	幕府は、どのようにして多くの大名を従えていったのでしょうか。	Google map で五街道の道と移動時間を調べる。
④	城下町の居住区や身分ごとのくらしについて調べ、身分統制の様子を捉える。【知・技】	江戸時代、人々は身分に応じて、どのようにくらしていたのでしょうか。	スクールタクトで身分ごとに政策とくらしをまとめ交流する。
⑤	キリスト教政策や外交政策について調べ、産業発展と体制強化に向けた取り組みの様子を捉える。【知・技】	幕府は、どのようにしてキリスト教を禁止したのでしょうか。	NHK for School で江戸時代の外交と鎖国の様子を調べる。
⑥	政治を進める幕府と、受け手の立場によるちがいを考え、交流する。【思・判・表】	江戸幕府が行った政治についてまとめ、当時の人々がどう思ったか考えましょう。	スプレッドシートで幕府と百姓、外様大名等の気持ちを考える。

教材化のポイント

　この単元は、江戸幕府の成立と安定に向けた取り組みについて調べ、260年近く安定した政権基盤のしくみを学んでいきます。そのために、大名の統制やキリスト教の禁止といったきまりのほか、身分統制や外交政策について調べ、経済的にも幕府が充実していく様子をつかんでいくようにします。また、身分や立場、国によって幕府のかかわりが異なることから、受け手がどのように感じていたのか想像し、当時の人々のくらしについて考えていくことが大切です。

テーマ深掘り・探究のポイント

・江戸の周りに徳川の親戚である親藩を置き、その外側に昔から従ってきた譜代大名を置いて江戸が攻められないようにした。さらに、京都の近くに親藩を置き、朝廷を監視した。

・徳川家康を神様として人々に拝ませていくために、多くの費用とたくさんの人でつくらせた。この後も人々を、費用をかけて参拝させ幕府の力の大きさを見せつけた。

・参勤交代によって、大名の家族や家来たちの多くが住むようになった上に、五街道の整備によって、物が江戸に集まるようになり多くの人がくらすようになった。

・百姓は土地を所有している人が収入を得るため、その年の天候によって差が生まれる。収穫に恵まれたものが地主となり、周りを支配していくようになった。

江戸幕府が力を強め、政治を安定させたしくみについて話し合い、学習問題をつくりましょう

年　　組　名前（　　　　　　　　　　　　）

❶ 関ヶ原の戦いの屏風絵から、この戦いの様子を調べましょう。

石田三成軍		徳川家康軍
	参加した武将	
	戦いの原因	
	戦いの様子	
	戦いの結果	

❷ 単元の学習問題をつくりましょう。

❸ 1603年に徳川家康が江戸幕府を開くと、戦国大名たちはどのように区別されましたか。

❹ 1615年に徳川家康が大阪で豊臣氏を滅ぼすと、一国一城令を出して大名の住む城以外を破壊したのはどうしてでしょうか。考えてみましょう。

❺ 徳川家康はどんなことを考えて大名を配置したのでしょうか。主な大名の配置の地図から考え、話し合いましょう。

話し合おう

徳川家康が開いた江戸幕府は、徳川家光にどのように受けつがれたのでしょうか

年　組　名前（　　　　　　　　　　　　）

❶ 徳川秀忠が定めた「武家諸法度」についてどんな理由でつくられたか考えましょう。

武家諸法度の内容	きまりをつくった理由
自分の領地の城を修理する場合、届け出ること。	
将軍の許可なしに、大名の家どうしで結婚してはいけない。	

❷ 徳川家光が大改修をした江戸城とその周りの様子を調べ、江戸城や江戸のまちがどのようにつくられたのか教科書や地図帳を使って調べましょう。

江戸城：

江戸のまち：

❸ 江戸幕府のしくみについて鎌倉幕府と比べてどんな工夫があるのか考えましょう。

チャレンジ！ 徳川家光が建てた日光東照宮がどんな目的でつくられ、その後どのような人たちが訪れたのか調べ、その後の影響について話し合いましょう。　話し合おう

幕府は、どのようにして多くの大名を従えていったのでしょうか

年　　組　名前（　　　　　　　　　　　　　）

❶ 加賀藩の参勤交代図を見て、参勤交代の目的や行き来する人たちとその周り
の人の様子について調べ、気付いたことを話し合いましょう。

話し合おう

．．．

．．．

．．．

．．．

❷ 参勤交代によって整備された五街道はどんなところにつくら
れたのでしょうか。教科書や地図で調べ、地図にかきこみ
ましょう。

（出典：花子・ジャストシステム）

このころの江戸は、参勤交代により人口 100 万人を超える世界一の都市だったと言
われています。これだけの人口が集まった理由を参勤交代の制度をヒントに考えま
しょう。

チャレンジ

．．．

．．．

．．．

江戸時代、人々は身分に応じて、どのようにくらしていたのでしょうか

年　　組　名前（　　　　　　　　　　　）

❶ 江戸時代のさまざまな身分の絵から、身分ごとのくらしの様子を調べましょう。

武士	町人（職人）
百姓	町人（職人）

❷ 江戸時代の80％以上を占める百姓のくらしについて調べ、百姓がこれだけ多く必要だった理由を考えましょう。

くらしの様子：

百姓が多い理由：

❸ 武士、町人、百姓以外の身分について立場やくらしの様子を調べ、気付いたことを周りの人と話し合いましょう。　話し合おう

くらしの様子：

百姓が多い理由：

チャレンジ 江戸時代の生活の中心だった「米」は人々の生活に大きく影響を与えました。天候などで米の収穫量が変わると人々のくらしがどのように変化するのか考えましょう。

....

....

....

幕府は、どのようにしてキリスト教を禁止したのでしょうか

年　　組　名前（　　　　　　　　　　　　　　）

❶ 江戸時代の初めころ、幕府は朱印状という許可状を与えて外国との貿易を保護しました。このように活発に貿易することで日本やアジアの国々はどう変わったのか調べましょう。

....

....

....

....

❷ キリスト教を信仰する人が増えていったとき、どうして幕府は禁止を命じたのでしょうか。

....

....

....

....

❸ 鎖国までの歩みについて年表にまとめ、幕府がどうしてキリスト教を禁止したのか話し合いましょう。　　　　　話し合おう

年	できごと
1612	
1616	
1624	
1635	
1637	
1639	
1641	
幕府の考え：	

チャレンジ!

鎖国の中で交流が続いた相手を一つ選び、交流の様子を調べましょう。

....

....

....

日本の歴史

町人の文化と新しい学問

学習計画	**5時間**
おすすめ活動	**伊能図作成体験**

単元計画

	主な学習活動と評価	本時の問い	ICT活用例
①	両国橋付近の絵や浮世絵から、人々の活気にふれ、学習問題をつくる。【主体態】	江戸や大阪のまちの様子やほかの資料をもとにして、当時の社会について話し合い、学習問題をつくりましょう。	江戸時代中期の絵を検索し当時のくらしを調べる。
②	歌舞伎や人形浄瑠璃、浮世絵について調べ、当時の人々の様子を捉える。【知・技】	歌舞伎や浮世絵は、人々の間でどのように親しまれていったのでしょうか。	NHK for School で歌舞伎や人情浄瑠璃の動画を見る。
③	蘭学の発展に伴う医学や測量技術の進歩について調べ、世界とのつながりを意識し始めていく様子を捉える。【知・技】	蘭学は、どのような学問で、人々の考え方にどのようなえいきょうをあたえたのでしょうか。	Jamboard で解体新書や伊能図とそれらができる前と比べ、付箋にまとめる。
④	国学の発展と一揆や打ちこわしが起こる当時の社会の様子について調べ、改革の動きが起こる理由を捉える。【知・技】	国学は、どのような学問なのでしょうか。また、新しい時代への動きはどのようなものだったのでしょうか。	スプレッドシートで国学と儒学について調べ、整理する。
⑤	学習問題について調べてきたことをまとめ、社会の変化について考える。【思・判・表】	江戸時代の後半の新しい文化や学問について調べてきたことを整理し、考えをまとめましょう。	スクールタクトでつくったキャッチフレーズを交流する。

教材化のポイント

　この単元の前半は、江戸や大阪のまちのくらしや歌舞伎や浮世絵などの文化について調べます。政治が安定し文化や産業が発展する中で、人々の生活が豊かになり活気に満ちた様子をつかんでいくのです。後半は、江戸時代の発展に伴って新しい学問が生まれていく様子について調べます。経済が不安定になり、幕府や各藩の外国との関係に変化が起こる中で、人々の考えが変わり始め、幕府の政治を変えていこうとする動きが起こるしくみについて考えることが大切です。

テーマ深掘り・探究のポイント

・江戸は、両国橋の周りに船や人がたくさんあって、にぎやかで活気があることがわかる。

・色の多さやたくさんの筆が入り、大きく描いて力強い印象があるところ。

・蘭学が広まるとヨーロッパとの交流が盛んになってしまう。すると、キリスト教がまた広がり、幕府を大事だと思わなくなってしまう恐れがあるから。

・世界の国のように人々が自由や平等を求めたり、本当のことを知りたいと思うようになったりして、将軍よりも天皇を大切にしようと考えが変わっていった。

・武士は藩校、町人や百姓は寺子屋で文字を学ぶことで、書物や立札を読んでいた。文字を読めないと、年貢を納めるときに損をすることがあった。

江戸や大阪のまちの様子やほかの資料をもとにして、当時の社会について話し合い、学習問題をつくりましょう

年　　組　名前（　　　　　　　　　　　　）

❶ 江戸の両国橋付近や大阪の絵を見て、江戸時代中ごろのまちの様子について気付いたことをまとめ、話し合いましょう。 話し合おう

江戸の様子	大阪の様子

❷ 単元の学習問題をつくりましょう。

❸ 江戸時代中ごろに人々が親しんでいた文化にはどのようなものがあるか調べましょう。

文芸	
芸能	
美術	

❹ 江戸時代中ごろ発展した学問について、誰がどんなことをしたのか調べましょう。

蘭学	
国学	

歌舞伎や浮世絵は、人々の間でどのように親しまれていったのでしょうか

年　　組　名前（　　　　　　　　　　　　　　）

❶ 歌舞伎や人形浄瑠璃で人気を集めた近松門左衛門はどんなことをしましたか。それぞれ調べてみましょう。

歌舞伎	人形浄瑠璃

❷ 浮世絵を流行させた歌川広重はどんな作品を、どのようにつくったのか調べてみましょう。

作品について	つくり方

❸ 江戸時代の中ごろに人々が歌舞伎を見たり浮世絵を買ったりしていたことから、当時の人々がどんな生活をしていたのか考え、話し合いましょう。

話し合おう

....

....

....

チャレンジ
世界的に有名な画家であるマネやゴッホも浮世絵を参考にしています。浮世絵のどんなところが世界中で評価されているのか調べて、話し合いましょう。

話し合おう

....

....

....

蘭学は、どのような学問で、人々の考え方にどのようなえいきょうをあたえたのでしょうか

年　組　名前（　　　　　　　　　　　）

❶ 杉田玄白や前野良沢らが書いた「解体新書」の人間の解剖図と、当時使われていた医学書の絵を比べて特徴をまとめましょう。

中国から伝わった医学書	「解体新書」の解剖図

❷ 伊能忠敬が書いた日本地図とそれよりも前から使われていた地図を比べてみましょう。

前から使われていた日本地図	伊能忠敬のつくった日本地図

❸ この当時はやった蘭学や日本の国との貿易を求めた外国に対して、幕府が厳しい態度を示した理由を考え、話し合いましょう。

話し合おう

....

....

....

チャレンジ 伊能忠敬が行った測量の絵を参考にして、体育館やグラウンドの形、大きさを調べてみましょう。

調べ方：
感想：

国学は、どのような学問なのでしょうか。また、新しい時代への動きはどのようなものだったのでしょうか

年　　組　名前（　　　　　　　　　　　　　）

❶ 本居宣長が国学として学んだ古事記や万葉集にはどんな魅力があるのでしょうか。内容や人々がどんな思想を求めていたのかを調べて考えましょう。

....
....
....
....
....

❷ 一揆や打ちこわしはどんなときによく起こっているのでしょうか。グラフを参考にして、当時の人々の気持ちを考えましょう。

よく起こるとき：
人々の気持ち：

❸ 本居宣長のように新しい学問をする人たちは、どうして幕府の政治を批判したのでしょうか。理由を考えて話し合いましょう。

話し合おう

....
....
....
....

チャレンジ この時代の日本の識字率は世界一高いと言われています。学校がないのに人々が文字をどのように学んだのか調べ、文字を読めることが何に必要だったのかを考えてみましょう。

....
....
....

明治の国づくりを進めた人々

単元計画

	主な学習活動と評価	本時の問い	ICT活用例
①	江戸時代末と明治時代初めの変化の大きさに着目して、単元の学習問題をつくる。【主体態】	江戸から明治への変化について話し合い、学習問題をつくりましょう。	Google Jamboard に日本橋の絵を貼り付け、読み取る。
②	幕府が政権を朝廷に返して明治政府が誕生する様子を調べ、人々の思いを考える。【知・技】	明治維新を進めた人々は、どのような思いをもっていたのでしょうか。	Google スライドに一人一枚で人物調べをしてまとめる。
③	欧米で学んだ大久保利通が目指した国づくりについて調べ、考える。【知・技】	欧米に学んだ大久保利通は、どのような国づくりを目指して改革を行ったのでしょうか。	NHK for School で富岡製糸場の動画を見て殖産興業の様子を捉える。
④	文明開化や学制、郵便制度の開始などの人々の生活の変化について調べる。【知・技】	明治時代になって、人々の生活は、どのように変わっていったのでしょうか。	教育や鉄道、郵便などの歴史をホームページで調べる。
⑤	人々の不満に対する明治政府の対応を調べる。【知・技】	政府の改革に不満をもつ人々は、どのような行動をとったのでしょうか。	不満をもつ人々と政府の心情を考える。
⑥	大日本帝国憲法の発布までの様子を調べ、伊藤博文が目指した国家像を考える。【知・技】	伊藤博文は、どのような憲法をつくったのでしょうか。	Google スプレッドシートに整理し、今の国の様子と比べる。
⑦	明治維新に貢献した人物スライドを紹介する。【思・判・表】	調べたことをふり返り、明治時代での世の中の変化についてまとめましょう。	オクリンクでスライドをまとめて見合う。

教材化のポイント

　この単元は、歴史人物が数多く登場する上に、政治や経済、文化の大転換がはかられたことから情報量が多く網羅的になりやすいです。明治維新に貢献した人物の行動に思いを馳せながら、江戸時代末に圧倒的な国力差のあった欧米諸国に追いつこうとした政府の努力を考えていくことが大切です。調べ学習一辺倒にならぬよう、人物について調べて心情を想像したり、世界遺産の動画視聴や政治制度を比較したりして多様な活動を取り入れていきましょう。

テーマ深掘り・探究のポイント

・政治を一部の偉い人ではなく国民みんなで決める国にしようとした。国民がいやな気持になる習慣をなくし、外国から学んで国を発展させようとした。

・廃藩置県で中央集権化を行い、地租改正と官営工場による殖産興業で国の収入を増やしていくことで、欧米諸国に負けない強い軍隊をもてる国にしようとした。

・天皇という言葉が何度も出てきており、主権者も国民ではない。天皇中心の国づくりを目指すが、近代国家らしく国民の政治参加や自由を保障する国にしようとした。

江戸から明治への変化について話し合い、学習問題をつくりましょう

年　　組　名前（　　　　　　　　　　　　）

❶ 江戸時代末ごろと明治時代初めの日本橋近くの様子の絵を比べて気付いたことをまとめましょう。

江戸時代末ごろの日本橋近く	明治時代初めの日本橋近く

❷ 単元の学習問題をつくりましょう。

❸ どうやってこの大きな変化が実現したのか、予想して話し合いましょう。

話し合おう

....

....

....

❹ 江戸から明治にうつり変わる 20 年ほどで人々の気持ちや考え方はどう変わったのかを考え、話し合いましょう。

話し合おう

....

....

チャレンジ
明治事始め年表で興味をもったことについて、どのように始まったのかを調べましょう。

....

....

....

明治維新を進めた人々は、どのような思いをもっていたのでしょうか

年　　組　名前（　　　　　　　　　　　　　）

❶ 江戸時代の終わりから明治時代が始まるまでの流れを年表にまとめましょう。

年	できごと	代表する人物
1853		
1854		
1858		
1867		
1868		

❷ 江戸幕府を倒して明治維新を進めた人々について調べ、最も活躍したと思う人の名前としたこと、目標にしたことを書きましょう。

人物名：

人物のしたこと：

目標にしたこと：

❸「五箇条のご誓文」の内容文を読み、明治政府がどんな政治を目指したかを話し合いましょう。

話し合おう

....
....

チャレンジ ペリーが来航したころ、外国を打ち払おうという「尊王攘夷派」と「開国派」が対立していました。しかし、ほどなくして尊王攘夷派の人たちも開国を認めるようになりました。尊王攘夷派の人々にどんな変化があったのかを、調べて考えてみましょう。

....
....
....

欧米に学んだ大久保利通は、どのような国づくりを目指して改革を行ったのでしょうか

年　　組　名前（　　　　　　　　　　　　　　　　　）

❶ 大久保利通たちが進めた明治政府の改革について、下のキーワードに説明を加えたり矢印や線でつないだりして図でまとめましょう。

[廃藩置県　富国強兵　近代的な工業　官営工場　殖産興業　徴兵令　地租改正]

❷ 富岡製糸場（群馬）の動画（NHK for School）を見て、工場がどのようにできて、発展していったのかをまとめましょう。

NHK for School
『富岡製糸場』

❸ なぜ、日本には武士がいたのに徴兵令で新しく兵士を募集したのか考えてみましょう。

❹ 大久保利通はたくさんの改革をして、どのような国にしようとしたのでしょうか。調べたことをもとに話し合いましょう。

話し合おう

チャレンジ
大久保利通はヨーロッパに行って、どんなことを学んできたのでしょうか。

明治時代になって、人々の生活は、どのように変わっていったのでしょうか

年　　組　名前（　　　　　　　　　　　　　　）

❶ 文明開化とは、どのような社会の動きでしょうか。説明しましょう。

....

....

....

....

....

❷ 明治時代の初めに始まったことについて、下の表にまとめましょう。

始まったこととその年	始まったことの内容と人々の生活の変化
解放令 　　　　　　　年	
学制 　　　　　　　年	
郵便 　　　　　　　年	
鉄道 　　　　　　　年	
※他にも調べよう	

❸ 明治時代初めにたくさんの新しいことが始まって、人々はどう感じていたのかを考え、話し合いましょう。

話し合おう

....

....

....

政府の改革に不満をもつ人々は、どのような行動をとったのでしょうか

年　　組　名前（　　　　　　　　　　　　　　　）

❶ 明治政府の改革によって人々はどのような不満をもつようになったのでしょうか。

....

....

....

❷ 政府にいた西郷隆盛が西南戦争を始めた理由と戦後の世の中の変化について調べましょう。

....

....

....

❸ 板垣退助たちが行った自由民権運動について目的としたことを調べ、まとめましょう。

....

....

....

....

❹ 教科書にある国会開設を望む署名数の地図を見ると、どの地域からどのような声が上がったと考えられますか。教科書や地図、インターネットで調べてまとめましょう。

....

....

....

チャレンジ！ 明治政府はこの時代、アイヌの人々や琉球王国の人々の土地を奪い、北海道や琉球藩を設置しました。現地の人々を苦しめてまでこのようなことをしたのはどうしてでしょうか。調べたことをもとに話し合いましょう。　話し合おう

アイヌの人々	琉球王国の人々

伊藤博文は、
どのような憲法をつくったのでしょうか

年　　組　名前（　　　　　　　　　　　　　　　　　）

❶ 国会が開かれるまでのできごとを下の年表に整理しましょう。

年	できごと
1881	
1882	
1885	
1889	
1890	

❷「大日本帝国憲法」の主な内容（要約）を読んで、「日本国憲法」の内容と比べて気付いたことを表にまとめましょう。

大日本帝国憲法	日本国憲法

❸「大日本帝国憲法」にもとづく国のしくみの図を参考に今と違うところ見つけて、明治時代に日本はどのような国になったのかを考え、話し合いましょう。　話し合おう

....

....

....

....

チャレンジ　主権者は国民ではなく天皇であると書かれているのに、一定の税金を納めた25歳以上の男子だけで初めての選挙をしたら、投票率が90％を超えたのはどうしてでしょうか。当時の人々の気持ちを想像してみましょう。

....

....

....

世界に歩み出した日本

学習計画	**6時間**
おすすめ活動	役割演技

単元計画

	主な学習活動と評価	本時の問い	ICT活用例
①	不平等条約による影響について調べて問題点に着目し、単元の学習問題をつくる。【主体態】	日本が江戸時代の終わりに結んだ条約はどのようなものだったのかを話し合い、学習問題をつくりましょう。	スクールタクトで風刺画に吹き出しを入れて交流する。
②	製糸業や紡績業によって経済発展し、欧米諸国の評価が変化する様子を捉える。【知・技】	この時代、日本はどのように国づくりを進め、世界に歩み出していったのでしょうか。	YouTubeで製糸工場や紡績工場の様子を見て調べる。
③	日清、日露の戦争の様子を整理し、戦後の影響について調べ、勢力拡大とその後の目標について考える。【知・技】	二つの戦争によって、日本と世界の国々との関係はどのように変わっていったのでしょうか。	オクリンクで朝鮮をめぐる対立の風刺画に吹き出しを入れ、グループで交流する。
④	韓国併合と関税自主権回復の様子を調べ、のちの国内外の変化と関連付ける。【思・判・表】	世界の中で日本の立場はどのように変わっていったのでしょうか。	Jamboardの付箋で日本と韓国、欧米諸国の心情を交流する。
⑤	産業の発展がもたらした社会と人々の生活の変化について調べる。【知・技】	経済の発展によって、人々の生活や社会はどのように変化したのでしょうか。	NHK for Schoolなどの動画を見て問題や変化の様子を調べる。
⑥	日本の国際的地位向上に貢献した人物スライドを作成・交流する。【思・判・表】	日本が世界に歩み出す中で活やくした人物を整理し、どのようにこうけんしたか話し合いましょう。	スクールタクトで作成した人物カードを読みコメントし合う。

教材化のポイント

　この単元は、明治維新によって日本の社会が変化した後、産業が発展し人々の生活が向上することで、戦争に勝利し領土を拡大して国際的地位を向上できた経緯について考えていきます。毎時間、単元の学習問題で確認した「国際的地位の向上」にどのように迫ったのかを問うことで、日本が徐々に発展していく様子を捉えるようにしましょう。風刺画や地図などを活用しつつ、動画資料も子ども自身が効果的に活用できるようにしたいものです。

テーマ深掘り・探究のポイント

・欧米が日本に関税自主権を認めてしまうと、輸出品に関税を高くかけられ、輸入品の関税を低く抑えられてしまい、経済的に損をするため、できるだけ認めたくないから。

・二つの戦争とも勝利することができたので領土が増えて新しく住む場所が増えてよかったが、日露戦争では戦争で苦労した分もらえるはずの賠償金がなくて不満だった。

・朝鮮…植民地になって言葉の自由もないのでとても不満。欧米…日本が領土を拡大し、対等になったので怖い。日本…関税自主権が回復し外国と商売で利益が上がり嬉しい。

日本が江戸時代の終わりに結んだ条約は
どのようなものだったのかを話し合い、
学習問題をつくりましょう

年　　組　名前（　　　　　　　　　　　　）

❶ ノルマントン号事件の風刺画を見て、イギリス人と日本人のセリフを書いてみましょう。

イギリス人：
日本人：

❷ 日米修好通商条約で決められた不平等なところを日本と外国の関係図でまとめましょう。

領事裁判権を認めた	
日本	外国

関税自主権がない	
日本	外国

チャレンジ！

ビゴーが風刺画で批判したのは、日本人ではなく実はイギリスだと言われています。フランス人であるビゴーがどうして困っている日本ではなくイギリスを批判したのか調べ、話し合いましょう。

話し合おう

....

....

....

❸ 単元の学習問題をつくりましょう。

この時代、日本はどのように国づくりを進め、世界に歩み出していったのでしょうか

年　　組　名前（　　　　　　　　　　　　　）

❶ 1880年代に発展した製糸業と紡績業について動画などの資料で調べ、表にまとめましょう。

	製糸業		紡績業
		さかんな地域	
		原料と生産物	
		工場の様子	

❷ 工場で働く人はどんな気持ちで働いていたのでしょうか。予想外だったことを「なぜだ」と考え、話し合いましょう。　話し合おう

....
....
....

❸ 教科書にある明治期の工業について、工場や働く人の人数の変化と輸出入のグラフを読んで、日本にどんな変化が起こったのか考えましょう。

....
....
....

❹ 陸奥宗光がどのようにして領事裁判権をなくしたのか調べてまとめましょう。

....
....
....

❺ 欧米諸国が領事裁判権をなくすことは認めてくれたのに、どうして関税自主権の回復は許さなかったのでしょうか。理由を考えてみましょう。

....
....
....

二つの戦争によって、日本と世界の国々との関係はどのように変わっていったのでしょうか

年　　組　名前（　　　　　　　　　　　　）

❶ 朝鮮をめぐる日本、ロシア、中国の風刺画から、それぞれの国がどのような気持ちで相手の国を見ていたかを想像してコメントを書き、役割演技をしましょう。

❷ 日清戦争と日露戦争について調べ、下の表にまとめましょう。

日清戦争（1894 年～）		日露戦争（1904 年～）
	きっかけ	
	戦争の様子	
	勝敗と条約	
	戦後の変化	

❸ 二つの戦争を国民はどんな気持ちで見ていたのか調べて考えてみましょう。

....

....

....

世界の中で日本の立場は
どのように変わっていったのでしょうか

年　　組　名前（　　　　　　　　　　　　　　　）

❶ 1910年に朝鮮を軍隊で抑え植民地にした韓国併合の後、日本はなぜ、朝鮮語の授業時間をなくしていったのでしょうか。教科書で調べて考えましょう。

....

....

....

❷ 日本は、不平等条約の改正が実現するまでどのようなことをしてきたのでしょうか。教科書などの資料で調べて、下の年表にまとめましょう。

年	できごと	条約改正へのえいきょう
1854		
1858		
1871		
1883		
1886		
1894		
1902		
1904		
1911		

❸ ポーツマス条約や韓国併合によって広がった日本の範囲を地図帳にかいて確認しましょう。このとき、それぞれの国はどんな気持ちだったのかを話し合いましょう。

話し合おう

朝鮮	欧米諸国	日本

❹ このころ、日本では様々な分野で活躍し国内外にえいきょうを与えた人物が数多く誕生しました。興味をもった人を一人決めて調べまとめましょう。

人物	人物のしたこと
	日本・世界への影響

経済の発展によって、人々の生活や社会はどのように変化したのでしょうか

年　　組　名前（　　　　　　　　　　　　　　）

❶ 官営八幡製鉄所ができたことで、日本の工業はどのように発展したか調べましょう。

....

....

....

❷ 足尾銅山鉱毒事件の原因とできごと、田中正造の対応について下の表にまとめましょう。

原因	できごと	田中正造の対応

❸ 大正時代に経済発展によって起こった人々の生活の変化の中から一つ選び、動画などの資料を見て調べてまとめましょう。

....

....

....

❹ 大正時代は、人々が民主主義への意識が高まり、選挙制度が変わったり差別をなくす運動が進められたりしました。それぞれについて調べましょう。

選挙制度の改正：
差別をなくす運動：

チャレンジ 足尾銅山鉱毒事件と田中正造の行動は、100年以上たった平成、令和の時代にも公害問題に影響を与えました。どんな影響なのか話し合いましょう。

話し合おう

....

....

....

日本が世界に歩み出す中で活やくした人物を整理し、どのようにこうけんしたか話し合いましょう

年　　組　名前（　　　　　　　　　　　　　　　）

❶ 産業の発展によって不平等条約を改正し、国際的地位が向上したこの時代にも、たくさんの人物が活躍しました。単元の中で、一番印象に残っている人物についてカードにまとめ。友達と交流してコメントをもらいましょう。

人物名：
どんな活躍をしたか：
自分が印象に残ったところと理由：

❷ カードを読んでもらった感想を書いてもらいましょう。

名前	このカードを読んだ感想

❸ 日本の国際的地位が向上した様子について、文章でまとめましょう。

....

....

....

....

チャレンジ 高木兼寛が留学先で学んだナイチンゲールは、世界中でとても有名な人物です。どのようなことをしたのか調べてみましょう。

....

....

....

日本の歴史

長く続いた戦争と人々のくらし

	学習計画	**7時間**
	おすすめ活動	**体験記読書感想文**

単元計画

	主な学習活動と評価	本時の問い	ICT活用例
①	原爆投下後の広島の写真から戦争の影響に着目し、単元の学習問題をつくる。【主体態】	被ばく前後の広島の写真や年表などの資料をもとに話し合い、学習問題をつくりましょう。	NHK for School で平和祈念式典の動画を見る。
②	日中戦争による戦禍の拡大の様子について調べ、外国との関係の変化を捉える。【知・技】	日本が中国で行った戦争は、どのような戦争だったのでしょうか。	Google スライドで日中戦争の流れをまとめる。
③	太平洋への戦争の広がりについて調べ、アジアの人々の被害の様子を捉える。【知・技】	戦争は、どのように世界に広がっていったのでしょうか。	オクリンクで日本や朝鮮、東南アジアの生活や心情を交流する。
④	戦争中の生活について写真や動画、体験記などで調べ、人々の心情を考える。【思・判・表】	戦争中、人々は、どのような生活をしていたのでしょうか。	スクールタクトで調べてまとめたスライドを読み合う。
⑤	各地の空襲の様子をインタビューするなどして調べ、被害の大きさを捉える。【知・技】	日本各地の都市は、空襲によって、どのような被害を受けたのでしょうか。	インターネットで空襲があった地域や戦争体験を調べる。
⑥	沖縄戦から原爆投下までの様子について調べ、連合国に敗れた様子を捉える。【知・技】	戦争はどのようにして終わったのでしょうか。	NHK for School などの動画で被害の様子を調べる。
⑦	単元の学びをコンセプトマップに整理し、戦争が人々に与えた影響を考える。【思・判・表】	長く続いた戦争があたえたえいきょうについて、調べてきたことを整理し考えをまとめ、クラスで話し合いましょう。	スクールタクトでコンセプトマップを作成し、交流する。

教材化のポイント

　この単元は、日本による中国、アジア・太平洋地域に向けた領土拡大の動きと世界各国との関係を調べ、国内外に与えた影響について考えていきます。インターネット上にある動画や体験記を手掛かりに、地域の戦禍の様子や当時の人々の心情を調べられることから、調べる方法を伝え、自分で資料を選び、まとめるようにしていきたいところです。国内はもとよりアジア各国の人々の心情に迫ることで、戦争の被害の大きさを実感できるようにしていきましょう。

テーマ深掘り・探究のポイント

・日本は、占領した満州を出発して中国を北から南へ進軍していった。広い中国全域を侵略していったことから、中国の人たちは日本に強い不満をもっていたと考える。

・三国とも植民地が少なく、資源もとぼしかったから。

・毎年のように、いろいろな物が自由に手に入らなくなり貧しくなっていった。また、政党もなく、学校の行事もなくなり人々が楽しく自由に過ごすことが許されなくなった。

被ばく前後の広島の写真や年表などの資料をもとに話し合い、学習問題をつくりましょう

年　　組　名前（　　　　　　　　　　　　　）

❶ 原子爆弾投下後の広島のまちの写真を見て気付いたことを書きましょう。

....
....
....
....
....

❷ 戦争が終わるまでの主なできごとと国民への影響を年表にまとめましょう。

年	できごと	国民への影響
1931		
1933		
1937		
1938		
1939		
1941		
1944		
1945		

チャレンジ 広島や長崎の平和祈念式典について動画（NHK for School）で調べ、原爆ドームが世界遺産になった理由を考え話し合いましょう。

話し合おう

....
....
....
....
....

NHK for School
『平和祈念式典』

❸ 単元の学習問題をつくりましょう。

日本が中国で行った戦争は、どのような戦争だったのでしょうか

年　　組　名前（　　　　　　　　　　　　　）

❶ 日本が中国に勢力をのばそうとした理由を調べてみましょう。

....
....
....

❷ 中国との戦争の流れの年表を読んで、戦争の始まりと戦地の広がりについて気付いたことや考えたことをまとめましょう。

満州事変から中国との戦争が始まる：
....
....
....

↓

日中戦争となって、戦地が中国全土に広がる：
....
....
....

❸ 日本が満州国を独立させたとき、国際連盟は認めてくれませんでした。国際社会は日本や満州国のことをどのように思っていたのでしょうか。調べたことをもとに話し合ってみましょう。　話し合おう

日本	満州国

チャレンジ　日本が中国やアメリカ、アジア・太平洋の国々と戦争していたのは、1937年から8年間ですが、満州国は1932年から13年間も続きました。満州国の様子を調べてみましょう。

....
....
....

戦争は、どのように 世界に広がっていったのでしょうか

年　　組　名前（　　　　　　　　　　　　　）

❶ 日本が中国で戦争をしていたころ、ヨーロッパではどのような戦争が始まっていたでしょうか。調べてみましょう。

....
....
....
....

❷ 太平洋戦争の戦域を地図帳の世界地図で囲んで、広さを確かめましょう。また、東南アジアや太平洋にまで軍隊を進めていった理由を調べてみましょう。

....
....
....

❸ 太平洋戦争が始まったころの日本や朝鮮、東南アジアの人たちの生活や戦争に対する考えを調べてまとめましょう。

日本：
朝鮮：
東南アジア：

チャレンジ 日本が第一次世界大戦で同盟を結んでいたイギリスではなくドイツ、イタリアと同盟を結んだのはなぜでしょうか。理由を調べ、話し合いましょう。 話し合おう

....
....
....
....

97

戦争中、人々は、どのような生活をしていたのでしょうか

年　　組　名前（　　　　　　　　　　　）

❶ 日本が戦時体制を強めて、人々を戦争に協力させたのはどうしてでしょうか。

....

....

....

....

❷ 戦争中のキャッチコピーについて調べ、当時の人々の生活がどのように変化したのかを動画や戦争体験記などで調べましょう。

キャッチコピー	人々の生活の変化

❸ 教科書にあるさまざまな生活の制限についての年表を読んで、戦時中の人々の生活がどのように変わっていったのか考え、話し合いましょう。

話し合おう

....

....

....

....

....

チャレンジ！ あなたが戦時中に生まれていたとして、集団疎開をするかしないか親に聞かれたらどうしますか。戦争中であることを踏まえてよく考えて返事を書いてみましょう。

....

....

....

※「戦時体制」、「集団疎開」の言葉の意味を教科書で調べましょう。

日本各地の都市は、空襲によって、どのような被害を受けたのでしょうか

年　　組　名前（　　　　　　　　　　　　　）

❶ 教科書にある空襲の被害を受けた都市の地図を参考にして地図帳を使って調べ、どういった場所に空襲があったかを考えてみましょう。

....

....

....

....

❷ 戦争体験の様子がわかる動画や体験記を見て、空襲で人々がどのような被害を受け、どういった思いをしたのかについて調べてまとめましょう。

体験を語った方	［ 　　　　　　　　 ］さん
体験：	

体験を語った方	［ 　　　　　　　　 ］さん
体験：	

[参考] 札幌市
平和バーチャル
資料館

❸ 東京大空襲のときに東京でくらしていた人々はどんな気持ちでいたでしょうか。調べたり考えたりして話し合いましょう。

話し合おう

NHK for School
「東京大空襲」

....

....

....

チャレンジ 住んでいる地域で空襲があったところの写真や動画を見て、どんな被害があったかを調べましょう。

....

....

....

戦争はどのようにして終わったのでしょうか

年　　組　名前（　　　　　　　　　　　　　）

❶ 太平洋戦争は何年何月何日に終わりましたか。調べましょう。

昭和　　　　　年（西暦　　　　　　年）　　　　月　　　　日

❷ 戦争が終わった1945年の主なできごとを下の表にまとめましょう。わかれば日にちも書きましょう。

月	できごと	被害の様子
3		
4		
6		
8		

❸ 沖縄戦での被害の様子について調べてみましょう。

❹ 第二次世界大戦でなくなったアジアの人々のおよその人数を調べて表にまとめましょう。

外国		日本	
中国		沖縄戦	
朝鮮		広島と長崎	
東南アジア		軍人	
		民間人	

新しい日本、平和な日本へ

学習計画	**7時間**
おすすめ活動	**議論・討論会**

	主な学習活動と評価	本時の問い	ICT活用例
①	大戦直後と東京五輪、現在の新宿の写真の違いに着目して学習問題をつくる。【主体態】	写真から気付いたことや疑問を出し合い、学習問題をつくりましょう。	Google Jamboard にある3枚の写真に付箋を貼り、交流する。
②	戦後の日本が行った改革について調べ、民主主義国家が確立する様子を捉える。【知・技】	戦争の後、日本ではどのような改革が行われたのでしょうか。	Google スライドで戦後改革の年表に一言コメントを入れる。
③	日本が主権を回復して国連に加盟し、経済を発展させていく様子について調べる。【知・技】	世界が変化する中、日本はどのようにして復興したのでしょうか。	オクリンクで電化製品の普及についてまとめ、交流する。
④	東京五輪のころの日本について調べ、オリンピック開催の意味について考える。【思・判・表】	産業の発展により、人々の生活はどのように変化したのでしょうか。	Google Jamboard でオリンピック開催による影響を議論する。
⑤	国内外の様々な課題について調べ、国際協力によって乗り越える様子を捉える。【知・技】	世界や日本には、どのような課題が生じているのでしょうか。	Google スプレッドシートで課題解決の様子を協働して調べる。
⑥	日本が直面する今後の課題について調べ、解決するために必要なことを考える。【知・技】	これからの日本は、どのような国を目指していったらよいのでしょうか。	オクリンクでスライドを作成し、グループで交流する。
⑦	戦後の年表に一言コメントをつけてキャッチフレーズを考え、交流する。【思・判・表】	戦後の日本の変化について調べたことを整理し、重要だと思うできごとを選んで話し合いましょう。	スクールタクトでつくったキャッチフレーズをコメントし合う。

　この単元は、戦後の日本が民主化・経済復興を成し遂げオリンピックを開催したことで、大きな力をつけて国際社会で認められる国へと成長する様子を調べていきます。オリンピック開催によってインフラ整備が進み、国土が発展した様子を調べる際には、オリンピックやワールドカップなど、住んでいる地域の事例を取り上げて関連付けると効果的です。開発には負の側面も異なる上に、国際社会では多様な考えがあることから、それぞれの立場ならどう考えるのか、授業の中で積極的に議論や討論会を設定していきましょう。

・テレビを大量生産する技術が未熟で、大きなテレビをつくっても値段が高すぎてあまり買ってもらえない。多くの人にテレビを購入して見てもらいたかったから。

・オリンピックの前に必ず経済発展をしている。これは、オリンピックに向けて人が行き来しやすいように鉄道や高速道路を建設したので、利益を上げることができたと言える。

写真から気付いたことや疑問を出し合い、学習問題をつくりましょう

年　　組　名前（　　　　　　　　　　　　　　　）

❶ 教科書に掲載されている戦争が終わった直後と東京オリンピック・パラリンピックが開かれたころ、現在の3枚の新宿の写真を比べて、どのように変わってきたか調べてみましょう。

戦争が終わった直後	東京オリンピックのころ	現在

❷ 単元の学習問題をつくりましょう。

❸ 戦後から現在までの主なできごとと国民への影響についてまとめ、人々の生活がどのように変わってきたのかを話し合いましょう。

話し合おう

年	できごと	国民への影響
1946		
1952		
1956		
1964		
1970		
1972		
1989		
2011		
2019		

戦争の後、日本ではどのような改革が行われたのでしょうか

年　　組　名前（　　　　　　　　　　　　　　）

❶ 戦争が終わって2年もしないうちに新しい憲法をつくったのはどうしてでしょうか。調べたり考えたりして話し合いましょう。

話し合おう

....

....

....

❷ 戦後改革の年表を完成させ、一言コメントのらんに説明を加えたり人々の気持ちや自分の感想を書いたりしてみましょう。

年	月	主なできごと	一言コメント
1945	9		
	10		
	11		
	12		
1946	11		
1947	3		
	5		

❸ 戦後、初めて女性が投票できるようになりました。他にも男女が平等になったことについて調べてみましょう。

....

....

....

チャレンジ！ 憲法についての教科書「あたらしい憲法のはなし」の表紙を見て、日本がどのような国を目指そうとしたのか考えてみましょう。

....

....

....

世界が変化する中、日本はどのようにして復興したのでしょうか

年　　組　名前（　　　　　　　　　　　　　　）

❶ 日本が独立国家として外国に認めてもらうまでのできごとを調べ、その後の影響について考えてみましょう。

年	できごと	その後の影響
1950		
1951		
1956		

❷ 電気製品の普及のグラフを見て、気づいたことをまとめましょう。

....

....

....

❸ 家庭で広まった電気製品の中から一つ選び、普及の前後の生活についてまとめましょう。

広まった電気製品の名前：	
普及前の生活	普及後の生活

チャレンジ！　シャープの創業者の早川徳次さんは、国産の量産型テレビをつくることに成功しましたが、サイズは 14 インチと小さいものでした。どうして今のように大きな画面のテレビを量産しなかったのでしょうか。話し合いましょう。　話し合おう

....

....

....

産業の発展により、人々の生活はどのように変化したのでしょうか

年　　組　名前（　　　　　　　　　　　　　　　　）

❶ 1964（昭和39）年に開催された東京オリンピック・パラリンピックの写真から、人々の服装や生活について予想してみましょう。

....

....

....

❷ オリンピック開催に向けてつくられたものを調べ、どんなところにつくられたか地図で確かめてみましょう。

建物	道路・鉄道	その他

❸ 教科書には経済の成長とオリンピックの年表があります。この二つはどのように関係しているのでしょうか。できごとどうしをつなげて考え、話し合いましょう。　[話し合おう]

....

....

....

チャレンジ

産業が発展する一方で、空気や水が汚染されて公害が起きてしまいました。その中でも有名なものに「四大公害病」があります。その中から一つ選び、地図帳や資料で起こった場所と原因を調べ、公害がどのような場所で起きやすいかを考えてみましょう。

公害病の名前	起こった場所	原因
どのような場所で起きやすいか：		

世界や日本には、どのような課題が生じているのでしょうか

年　　組　名前（　　　　　　　　　　　　）

❶ 平成と令和について始めから終わり・今の年を元号と西暦で確認し、今から何年前なのか調べましょう。

	元号	西暦	今から何年前
平成の始め			
平成の終わり			
令和の始め			
今			(0)

❷ 昭和の終わりから平成、令和にかけての起こった課題を調べ、日本がどのように解決しようとしたかを考え、話し合いましょう。

話し合おう

年	課題	解決のために日本がしたこと
1980年代		
1989		
1991		
1995		
2008		
2011		

チャレンジ あなたがこの時代の始めのころに生まれていたら、上の年表にある課題に対して何ができるでしょうか。対応できる課題を年表から一つ選んで考えてみましょう。

対応する課題：

自分ができること：

これからの日本は、どのような国を目指していったらよいのでしょうか

年　　組　名前（　　　　　　　　　　　　　　　）

❶ 世界に広がる日本の文化や技術がたくさんあります。教科書をヒントにして、自分が世界に伝えたいと思う日本の文化や技術を調べ、まとめましょう。

．．

．．

．．

．．

❷ 教科書に掲載されている日本が解決するべき課題の中から一つ選び、その内容と起こる原因について調べ、考えてみましょう。できたらグループで感想や意見を交流しましょう。　話し合おう

課題の内容	起こる原因
[　　　　　　　　　　] さん	
[　　　　　　　　　　] さん	
[　　　　　　　　　　] さん	

チャレンジ ❶ や ❷ で調べて考えたことをもとにして、2050 年の日本はどのように変わっていると思うか、予想してみましょう。

．．

．．

．．

日本の歴史 ［いかす］

歴史の学習をふり返り、学んだことを
どのように未来に生かせるかを考えましょう

年　　組　名前（　　　　　　　　　　　　　）

❶ 歴史学習をふり返って一番印象に残ったことをカードにまとめ、交流しましょう。

時代
人物やできごと

❷ 歴史から学んだことを意見文にまとめましょう。

....
....
....
....
....
....
....
....
....
....
....
....
....
....
....

はじめ…自分にとって学びの大きかったできごとや人物、文化とその説明
　中　…学びが大きかったと思う理由
終わり…これからの自分の生き方や社会に生かしたいこと

わたしたち人類はどのような共通の願いをもっているのでしょうか

年　　組　名前（　　　　　　　　　　　　）

❶ 歴史で学んできたことと比べて、今の日本がよいと感じるところを 10 個書きましょう。

....

....

....

....

....

❷ 今の世界の国々や地球上の課題を 10 個書きましょう。

....

....

....

....

....

❸ ❷の課題に対して地球のみんなで取り組むべきことと日本が積極的に取り組めそうなことを考えて話し合いましょう。

話し合おう

地球のみんなで取り組むべきこと	日本が積極的に取り組むべきこと

❹ これからの学習に向けて、めあてをつくりましょう。

....

....

3

世界の中の日本

日本とつながりの深い国々

学習計画	**7 時間**
おすすめ活動	意見文

	主な学習活動と評価	本時の問い	ICT 活用例
①	これまでの社会科学習をふり返り、日本とつながりの深い国があることを知る。【主体態】	これまでの学習や生活をふり返り、日本とつながりの深い国を見つけて、話し合いましょう。	Google スプレッドシートで外国とのつながりを表でまとめる。
②	日本とつながりの深い国を一つ選んで特徴を調べ、興味のある国を見つける。【主体態】	学習問題をつくり、日本とつながりの深い国を1か国選び、人々の生活について調べる学習計画を立てましょう。	Google Earth で調べたい国の国土の様子を見る。
③	日本とつながりの深い国の気候や宗教に着目して、生活の様子を調べる。【知・技】	調べる国の小学生はどのような生活をしているのでしょうか。	調べる国ごとにファイルを分けた Google スライドで毎時間のテーマについて、一人1枚まとめる。授業の後半には、同じグループごとにスライドを見て、感想や意見を交流する。
④	日本とつながりの深い国の文化に着目して、生活習慣や年中行事を調べる。【知・技】	調べる国のくらしや文化、年中行事はどのようなものでしょうか。	
⑤	日本とつながりの深い国の産業に着目して、生活や日本とのかかわりを調べる。【知・技】	調べる国はどのような産業がさかんなのでしょうか。	
⑥	オリンピック・パラリンピックにおける国際交流の意味について考える。【主体態】	国際交流にはどのような役割があるのでしょうか。	スクールタクトのワードクラウドで大切な言葉を確認する。
⑦	日本とつながりの深い国々とのこれからのかかわり方について考える。【思・判・表】	調べてきたことをもとに日本とつながりの深い国について話し合い、自分の考えをまとめましょう。	Google スライドで交流しドキュメントで意見文を書く。

　この単元は、日本とつながりの深い国に着目して調べ、その国の気候、国土、宗教、文化、産業といった視点から特色をつかみ、これからのかかわり方について考えていきます。そのために、日本と比べたり、他の国を調べているグループの発表を聞いたりして、様々な生活の違いを認め合う大切さについて学ぶことが大切です。また、子どもが自ら課題を見つけて調べ、考え、まとめるという個別の問題解決の力を育てることも重要となってきます。

・キッズ外務省の「世界いろいろ雑学ランキング」から調べることができる。

・漢字やアルファベットだけでなく多様な文字を調べさせたい。また、アルファベットや漢字は言語が変わると発音や形が変わることにも気付けるようにしたい。

・宗教や歴史のできごとをきっかけに誕生した文化についてふれる。

これまでの学習や生活をふり返り、日本とつながりの深い国を見つけて、話し合いましょう

年　　組　名前（　　　　　　　　　　　　　　　）

❶ 歴史的に見たり現代の社会から見たりして、日本とかかわりの深い国を探してみましょう。

地域	かかわりの深い国
北アメリカ州	
南アメリカ州	
オセアニア州	
アジア州	
ヨーロッパ州	
アフリカ州	

❷ ❶に書いた国から選んでどんなかかわりがあるか調べてみましょう。

国名	日本とのかかわり

チャレンジ 日本人が多く住む国、多く訪問する国、貿易相手国は、それぞれがちがいます。このことから、日本の外国とのかかわりの特色を考え、話し合いましょう。

話し合おう

111

学習問題をつくり、日本とつながりの深い国を1か国選び、人々の生活について調べる学習計画を立てましょう

年　　組　名前（　　　　　　　　　）

❶ 調べたいと思った国の国旗や首都、面積、人口などを地図帳で調べましょう。

国旗	国旗の意味

首都	面積	人口	言語

❷ 単元の学習問題をつくりましょう。

❸ 学習問題について、予想をしましょう。その国の特色や日本との共通点、ちがう点を考えて話し合いましょう。　話し合おう

❹ 調べること、調べ方、まとめ方を話し合って、単元の学習計画を立てましょう。　話し合おう

調べること：

調べ方：

まとめ方：

チャレンジ
世界には、いくつもの文字があります。どんな文字があるか調べてみましょう。

112

調べる国の小学生は
どのような生活をしているのでしょうか

年　　組　名前（　　　　　　　　　　　　　　）

❶ 調べる国の小学生の基本的な1日の生活の様子を調べてみましょう。小学生の学校生活がどのようになっているかも調べてみましょう。

基本的な1日の生活	小学生の学校生活

❷ 調べる国の人たちの「衣食住」の特徴について調べましょう。

「衣」着るもの	「食」食べるもの	「住」家とその中の様子

❸ 調べる国の政策や習慣・マナーなどのくらしの中で「これは日本にはない」と思うものをまとめ、交流しましょう。

話し合おう

....

....

....

....

❹ あなたが調べる国に行くとしたら、体験してみたいことは何ですか。調べたことの中から選んで交流しましょう。

話し合おう

....

....

....

....

調べる国のくらしや文化、年中行事はどのようなものでしょうか

年　　組　名前（　　　　　　　　　　　　　　　　）

❶ 生活習慣を調べ、日本と似ているところと違うところに分けて整理しましょう。

日本と似ている生活習慣	日本と違う生活習慣

❷ どんな年中行事があるか調べてみましょう。

....
....
....
....
....

❸ 代表的な文化やさかんなスポーツについて調べてみましょう。

....
....
....
....

チャレンジ 生活習慣や年中行事、文化はその国の歴史と大きなかかわりがあります。調べてきたことにかかわりのある歴史のできごとを調べてみましょう。

....
....
....
....
....

調べる国は
どのような産業がさかんなのでしょうか

年　　組　名前（　　　　　　　　　　　　　　　）

❶ どのような産業がさかんなのか調べてみましょう。

....

....

....

❷ ❶の産業がさかんな理由を調べてみましょう。気候や地形、文化などこれまで調べてきたことと関係づけて考えてみましょう。

....

....

....

❸ 調べた国の文化やさかんな産業によって、日本とどのようなかかわりがあるでしょうか。

....

....

....

チャレンジ これからも日本がその国とかかわり続けるためにはどのようなことが必要ですか。日本が努力すること、かかわりのある国が努力することに整理し、それぞれ考え話し合いましょう。

話し合おう

日本が努力すること	かかわりのある国が努力すること

❹ 日本とかかわりのある国について調べたことや考えたことをまとめましょう。

....

....

....

115

国際交流には
どのような役割があるのでしょうか

年　　組　名前（　　　　　　　　　　　　　）

❶ オリンピック・パラリンピックの誕生の歴史や開催の目的を調べましょう。

誕生の歴史：
開催の目的：

❷ オリンピック以外に見たり聞いたりしたことのある国際交流についてまとめましょう。

....

....

....

....

❸ 住んでいる地域（都道府県・市町村）で開かれたスポーツなどの国際大会について調べてみましょう。どんな大会が開催されて、外国の人たちが来ましたか。

開かれた国際大会：
国際大会の様子（内容・参加者、地元の人の様子など）：

❹ 話し合いをふまえて、日本が国際交流をさかんにするために大切なことをまとめましょう。

....

....

....

....

調べてきたことをもとに日本とつながりの深い国について話し合い、自分の考えをまとめましょう

年　　組　名前（　　　　　　　　　　　　　　　）

❶ 日本とつながりの深い国について調べてきたことを日本と似ているところと似ていないところに整理して話し合いましょう。

話し合おう

国の名前	日本と似ているところ	日本と違うところ

❷ 友達の発表を聞いて、日本とつながりのある国とのこれからのかかわりについて大切だと感じたことを書きましょう。

....

....

....

❸ 学習問題に対して考えたことを意見文にまとめる計画を立てましょう。

始め：
中：
終わり：

チャレンジ 日本がかかわりのある国にとって、日本以外に関係の深い国を調べてみましょう。どんなかかわりがあるのか、かかわりが深い理由も調べてみましょう。

....

....

....

世界の中の日本

世界の未来と日本の役割

学習計画　**5時間**
おすすめ活動　JICA 見学

単元計画

	主な学習活動と評価	本時の問い	ICT 活用例
①	世界各地の紛争や環境破壊に対応する人々の資料から、学習問題をつくる。【主体態】	世界のさまざまな課題と解決に向けた取り組みを調べ、学習問題をつくりましょう。	紛争地域、環境汚染の地域の様子を web サイトで調べる。
②	国際連合のしくみを調べ、人類の平和と安全を目指した活動の様子を捉える。【知・技】	国際連合は、どのような活動をしているのでしょうか。	オクリンクで国連の機関を一つ調べてまとめ、交流する。
③	環境問題への取り組みについて調べ、SDGs17 の目標の概要を捉える。【知・技】	地球の環境を守るために、世界や日本はどのような努力や協力をしているのでしょうか。	オクリンクで SDGs をテーマに課題と解決の様子をまとめる。
④	NGOをはじめとする世界で活躍する日本人の働きとその意味を学ぶ。【知・技】	日本は、どのような国際協力の活動をしているのでしょうか。	JICA のオンライン教室で国際協力に参加した人の話を聞く。
⑤	単元を振り返り、日本が求められる国際支援の在り方について考える。【思・判・表】	世界のさまざまな課題と、解決のための日本の取り組みについてまとめ、発表しましょう。	ドキュメントの共同編集機能を使って新聞にまとめる。

教材化のポイント

　この単元は、世界の紛争や環境問題といった諸課題について調べます。国際社会や日本の対応、現地で貢献する人々の取り組みを通して、これからの時代に求められる国際協力の在り方について考えていきます。地球規模の取り組みは、対応する規模も大きいことから国連や政府の役割が目立ちますが、それだけではなく、現地で活躍する人物がどんな考えをもって活動しているのかといった思いや願いを知ることもとても大切です。単元の出口では、国際社会の一員となる子どもたちが「自分は何ができるのか」を考えられるようにしていきたいものです。

テーマ深掘り・探究のポイント

・地球温暖化や環境の問題によって、食料が手に入らなかったり、教育が受けられなかったりして貧しい国がある。こうした国々が戦争で他国の領土を奪おうとしている。

・貧困が一番の原因だと思う。貧しくて教育を受けられないから戦争をしたり、環境のことを考える余裕がなかったりする。こうした貧しい国々と先進国との間で貧富の差が起こるから、この間でもトラブルが起こりそうだ。

・環境問題…地球温暖化　自分たちにできること…暖房や電気、エアコンの節約。リサイクルを進めることでごみを減らし、焼却のための石油の消費を少なくする。

・世界中の人たちが英語を使ってコミュニケーションをする。世界中の小学生が国連で平和のために話し合う。世界の人々の異文化交流をより進める。

・ものを提供してもいつか壊れてしまい、お金がないと継続できないが、人材や技術は伝えることでより多くの人に広がり、開発途上国の自立につながるから。

世界のさまざまな課題と解決に向けた取り組みを調べ、学習問題をつくりましょう

年　　組　名前（　　　　　　　　　　　　　）

❶ 第二次世界大戦後に紛争が起こっている地域を調べ、原因を予想しましょう。

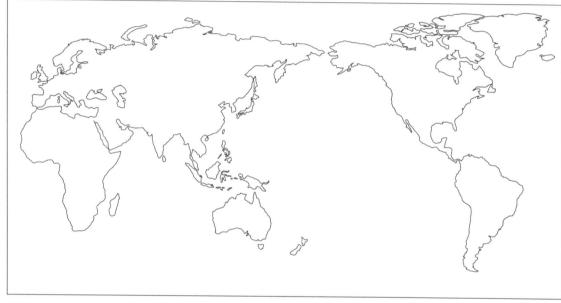

原因になること

....

....

....

....

❷ 紛争以外に世界で起こる課題にはどんなものがあるでしょうか。調べてみましょう。

課題	起こっている地域・国	原因

❸ 単元の学習問題をつくりましょう。

国際連合は、どのような活動をしているのでしょうか

年　　組　名前（　　　　　　　　　　　）

❶ 国際連合について調べましょう。

目的：	
発足年　　　　　　　　　　　　　年	現在の加盟国数　　　　　　　　　　か国

❷ 国際連合の機関について一つ選び、どんな活動をしているのか調べましょう。調べ終わったら他の人と交流をして別の機関についてもまとめましょう。

自分が調べる機関の名前：

活動内容：

機関名	活動内容

❸ 国連分担金の国際割合を見て、日本は国連の中でどんな役割を担うべきか、また、他の国々はどうしていくとよいかを考え、話し合いましょう。　話し合おう

日本が国連で担う役割	他の国の役割

チャレンジ　今、国際連合において様々な論争があります。これらの主な原因は何だと思いますか。調べたり考えたりして、話し合いましょう。　話し合おう

地球の環境を守るために、世界や日本はどのような努力や協力をしているのでしょうか

年　　組　名前（　　　　　　　　　　　　　　　）

❶「環境問題」とはどのような問題なのでしょうか。実際に起こっている国や地域の様子を取り上げて調べ、原因について考えたことを話し合いましょう。

話し合おう

「環境問題」とは：
原因として考えられること：

❷ 日本が進めている環境を守る取り組みについて、SDGsの17から一つ選んで調べましょう。

目標：
取り組みの内容：

❸ 環境の問題について、小学生の自分たちにできることを考えて話し合いましょう。

話し合おう

環境の問題	できること

チャレンジ 2030年になったとき、地球環境を守るためにどんな目標を立てて努力するとよいのでしょうか。考えてみましょう。

....

....

....

日本は、どのような国際協力の活動をしているのでしょうか

年　　組　名前（　　　　　　　　　　　　）

❶ 青年海外協力隊の人たちが活動している地域はどんなところですか。

....
....
....
....

❷ ODA の目的と活動の様子について調べてまとめましょう。

目的：
活動の様子：

❸ NGO は国連や各国の政府から独立した民間の団体です。どうして、民間の団体が国際協力をするのでしょうか。NGOの組織を一つ取り上げて調べ、その理由を考えてみましょう。

自分が調べたNGO：
活動の様子：
政府に頼らない理由：

チャレンジ！ 日本は 2023 年に ODA の方針を変えて、機材の提供や施設の建設といったハード面だけでなく、人材育成や技術などのソフト面の協力も進めていこうとしています。これには、どんな効果がありそうか話し合いましょう。　話し合おう

....
....

世界のさまざまな課題と、解決のための日本の取り組みについてまとめ、発表しましょう

年　　組　名前（　　　　　　　　　　　　）

❶ 世界の様々な課題を解決するために、それぞれどのようなことをしてきたのか箇条書きでまとめましょう。

国際連合：
ODA：
NGO：

❷ 学習問題について考えてきたことを意見文にまとめて、校内外に発表しましょう。

....
....
....
....
....
....
....
....
....

チャレンジ NGOとしてアフガニスタンで活躍してきた中村哲さんは、主食である小麦ではなく、米の生産を広げました。中村さんの意図について話し合いましょう。 話し合おう

....
....
....
....

世界の中の日本［いかす］

SDGsの17の目標を参考に、世界のさまざまな課題の解決のために、自分たちにできることを考えましょう

年　　組　名前（　　　　　　　　　　　　　　）

❶ SDG sの目標を達成するためにできることを調べて考え、まとめましょう。

目標番号：	マーク：
目標：	
選んだ目標について課題となっていること（どこで、どんなことが…）：	
課題を解決するために自分たちにできること：	

❷ グループで調べたことを発表し合い、学んだことをまとめましょう。

氏名	学んだこと

あとがき

　本ワークシートを使って6年生の学びを終えた時に、子どもが次の三つのおもしろさを感じてもらえたらと願っています。

> ❶6年生の社会科学習は、立場や時間のつながりで考える力が身に付いておもしろい
> ❷個別にとことん突き進める学びも、仲間と協働する学びもおもしろい
> ❸ICTを使うと学びが広がり、どこまでも自分で進められておもしろい

❶6年生の社会科学習は、立場による違いや過去、現在、未来のつながりを考える

　6年生は、我が国の政治や国際社会と歴史を学びます。政治にしても、歴史上の出来事にしても、立場の違いから見える正解は違ってきます。大切なことは、調べてきたことをもとに、複数の当事者の立場から考えることです。「自分なら、こう考える。なぜなら、こうだから。」と複数の資料や時間のつながりを根拠に判断できるようにしていきたいです。そこで、本ワークシートを使って、正解が一つではない問題に向き合い、学びを深めてほしいと思います。

❷個別の学びも協働的な学びもどちらも大切

　本書は、ワークシートとなっていることから、教室での授業はもちろんのこと、自習時間やオンライン授業でも使える上に、不登校のお子さんも自分のペースで取り組むことができます。目の前に教師がいなくても、学習を進めることができるのです。「個別最適な学習」にもってこいの1冊です。

　また、ここは他者の考えを取り入れてほしい、喧々諤々と議論を重ねてほしいというところに「話し合おう」マークを表記しました。子どもが話し合いの価値を感じ、「協働的な学習」を進めていくことをも期待しています。

❸ICT活用の本当の価値は、学びが「自分で広げるもの」であることを実感すること

　近年、日本の国際競争力の低下が顕著になっており、その原因が情報活用力や教育力であるとする文献をよく目にします。学校現場では、一人一台端末が配備されて数年が経ち、使い方のマンネリ化やafterコロナとなったことによる使用頻度の低下が感じられます。私たち教師は今一度ICT活用の価値を見出し、業務はもちろんのこと、授業改善を本気になって考える必要があるのではないでしょうか。

　本来、インターネットは、瞬時に世界中とつながることのできる極めて優れたツールのはずです。子どもが授業の中でこのことを実感し、興味や関心のある物事に対して自ら情報を求め、視野を広げていくことを願ってやみません。

　最後になりましたが、大阪教育大学の峯明秀先生、学芸みらい社の樋口雅子様には、本書執筆の機会を頂くとともに、執筆に際し数多くのご指導、ご助言を頂きました。また、本書の姉妹本である「3・4年生本」を執筆された山方貴順先生には、コンセプトの設定から構成に至るまでたくさんのご助言と刺激を頂きました。本書の執筆にかかわっていただいた皆様に、心より御礼申し上げます。

令和6年2月

佐々木英明

著者紹介

佐々木英明（ささき・ひであき）

1981年、北海道生まれ。北海道教育大学大学院教育学研究科修了。
第33回東書教育賞（論文執筆）優秀賞受賞。第35・37回寒地技術シンポジウ
ム（論文執筆）寒地技術賞（地域貢献部門）受賞。家族でフィールドワークを
しながら札幌を中心に北海道の魅力について研究を深める。2人の子どもも自由
研究で全国児童生徒地図作品展に選出。座右の銘は「覧古考新」「彼を知り己を
知れば百戦殆うからず」「人のために火を点せば我が前明らかなるがごとし」。

社会科の学び楽しくパワーUP
QRでパッと調べ 皆でつくる学習問題！
社会科ワークシート 小学6年

学芸みらい社

2024年4月15日　初版発行

著者	佐々木英明
発行者	小島直人
発行所	株式会社　学芸みらい社
	〒162-0833 東京都新宿区箪笥町 31 番 箪笥町 SK ビル 3F
	電話番号 03-5227-1266
	https://www.gakugeimirai.jp/
	e-mail：info@gakugeimirai.jp
印刷所・製本所	藤原印刷株式会社
企画	樋口雅子
校閲・校正	菅 洋子
装丁デザイン・本文組版	児崎雅淑（LiGHTHOUSE）

ISBN 978-4-86757-050-0 C3037